Kerstin Tomenendal

DAS TÜRKENBILD IN ÖSTERREICH-UNGARN WÄHREND DES ERSTEN WELTKRIEGS IM SPIEGEL DER KRIEGSPOSTKARTEN

Wieser *Verlag*

Wir bedanken uns beim Gremium des Informationsfonds des Amtes vom Ministerpräsidenten der Republik Türkei und bei der TOBB University of Economics and Technologie für ihre Unterstützung.

Umschlagbild: Postkarte anlässlich des Beitritts der Türkei in den Ersten Weltkrieg aufseiten der Mittelmächte. Das auf dem Halbmond sitzende türkische Kind sieht auf den europäischen Teil der Erdkugel herab und löscht mit der Gießkanne den durch den Ersten Weltkrieg entstandenen Weltenbrand.

Wieser *Verlag*

KLAGENFURT – WIEN –LJUBLJANA – SARAJEVO
A-9020 Klagenfurt/Celovec, Ebentaler Straße 34b
Tel. +43(0)463 37036, Fax +43(0)463 37635
office@wieser-verlag.com
www.wieser-verlag.com
Copyright © 2008 by Wieser Verlag, Klagenfurt/Celovec
ISBN-13 978-3-85129-666-2

Inhalt

„Was kümmert mich der Glaube, was der Kult
Des edlen Freunds, der meine Schande rächt?
Und allen Feinden ruf ich's ins Gesicht:
Wer mir zu helfen kommt, gilt mir als Christ,
Christlicher hundertfach, als wilde Feinde,
Die meine Schätze, meine Lande rauben.
Nicht am Bekenntnis, an den Taten nur
Wird Recht und Geist der Religion erkannt.
Wer mein Verderben will, nur der ist Heide …
Eilt denn herbei, ihr tapfern Janitscharen,
Ihr schnellen Sieger, trefft und schlagt den Feind!
Pflückt neuen Lorbeer euch im Siegesfeld!"

Friedrich der Große

(Zitiert nach Jäckh, Ernst: Der deutsche Krieg Vierundzwanzigstes Heft:
Die deutsch-türkische Waffenbrüderschaft. Stuttgart/Berlin 1915, S. 21.)

Vorwort

Mit dem vorliegenden Buch verbindet mich eine ganz persönliche Leidenschaft: die Sammelleidenschaft. Vor nunmehr zwölf Jahren begann ich mich aufgrund der schon bestehenden kleinen, ca. 30 Karten umfassenden Sammlung meines Mannes für Ansichtskarten aus dem Ersten Weltkrieg zu interessieren. Mittlerweile umfasst die Sammlung über 500 Karten, von denen im Rahmen dieses Buches 472 vorgestellt werden. Die Besonderheit der Sammlung besteht darin, dass sie ein zentrales, sehr fokussiertes Thema hat: Auf der jeweiligen Karte muss sowohl Österreich-Ungarn als auch das Osmanische Reich, der Vorgängerstaat der heutigen Republik Türkei, dargestellt sein. Als Orientalistin und Historikerin habe ich zum Thema der bilateralen Geschichte dieser beiden Staaten in den letzten 15 Jahren intensiv geforscht und bereits eine Monografie und mehrere wissenschaftliche Artikel publiziert.

Mein Zugang zu der Materie Kriegspostkarte verstand sich nie und versteht sich auch heute nicht aus dem Kontext der kriegerischen Auseinandersetzung, die der Erste Weltkrieg mit sich brachte, sondern aus dem Kontext des österreichischen Türkenbildes während der Jahre 1914–1918, das während dieses Zeitraums ein vorbehaltlich positives ist – im Gegensatz zu den vorangehenden Jahrhunderten. Für mich versteht sich die Zeit des Ersten Weltkrieges im Licht der österreichisch-türkischen Beziehungen – so traurig es klingen mag, wenn man bedenkt, wie viel Blutzoll der Erste Weltkrieg auf allen Seiten forderte – als einzige Periode, in der man von österreichischer Seite unbefangen auf die Türkei zu blicken vermochte, ohne nur an die Wiener Belagerungen 1529 und 1683 zu denken, die im 21. Jahrhundert nach wie vor im kollektiven Gedächtnis präsent sind, wenn es um das Türkenbild geht, wie die Ereignisse in Bezug auf einen Verhandlungsbeginn mit der Türkei hinsichtlich eines möglichen Beitritts in die EU und die damit einhergehenden Diskussionen in den europäischen Mitgliedstaaten aufzeigen.

Ein großes Dankeschön geht an meine Familie für ihre liebevolle Unterstützung, an meinen Mann Dr. İnanç Atılgan, meine Töchter Kaya und Liv sowie meine Mutter, Dr. Gitta Tomenendal. Die Arbeit wurde in wissenschaftlicher Hinsicht von Prof. Wolf-Dieter Bihl und Prof. Horst Haselsteiner betreut.

Nicht zuletzt möchte ich meinen Dank Herrn Prof. Lojze Wieser aussprechen, der dieses Buch in seine wissenschaftliche Reihe aufnahm und der in seinem Programm einen neuen Schwerpunkt auf ein weiteres Land Südosteuropas setzt, die Türkei. Herrn Mag. Josef G. Pichler sei gedankt für seine Lektoratsarbeit.

Abschließend bedanke ich mich herzlichst bei allen Institutionen, die mein Werk unterstützt haben.

Kerstin Tomenendal   Ankara, 1. Mai 2008

Einleitende Bemerkungen

(Osmanisch-)Türkische und arabische Wörter werden in ihrer ursprünglichen Form zitiert, soweit es sich nicht um gängige Namen und Begriffe wie z. B. Wesir (eigentlich *vezir*), Derwisch (eigentlich *derviş*), Pascha (eigentlich *paşa*) etc. handelt, die bereits als eingedeutscht gelten müssen.

Türkische Buchstaben, die im Deutschen nicht bekannt sind und im vorliegenden Buch verwendet werden, sind die folgenden:

c – dieser Laut ist weich auszusprechen, es gibt keine direkte Entsprechung im Deutschen, als Aussprachehilfe soll das englische „John" dienen.

ç – dieser Laut entspricht der deutschen Buchstabenkombination /tsch/, wie z. B. im Wort Peitsche.

ğ – dieser Buchstabe hat keinen Lautwert, dehnt den ihn begleitenden Vokal und bleibt selbst jedoch stumm.

ı – das dumpfe türkische „i" hat keine deutsche Entsprechung und klingt wie ein Laut zwischen dem deutschen /a/ und /i/.

ş – entspricht der deutschen Buchstabenfolge /sch/ wie „Schule".

v – entspricht dem deutschen bilabialen /w/ wie „Wein".

y – entspricht dem deutschen /j/.

ā, ī, ū in Bezug auf orientalische Wörter bedeutet, dass der jeweilige Vokal lange auszusprechen ist wie /a/ im deutschen Wort „schade", /i/ in „Liebe", /u/ in „Bude".

In der europäischen Fachliteratur wird der Begriff „Osmane" des Öfteren mit „Türke" gleichgesetzt. Der Terminus „Türkei" und „Türke" ist jedoch eine Bezeichnung, die in Europa entstand. Erst im Verlauf des 20. Jahrhunderts nahm die Türkei diese Bezeichnung für sich in Anspruch. Die Osmanen bezeichneten Anatolien sogar als „Rum" bzw. die europäische Türkei als „Rumili" [= Rumelien; wörtlich: das Land der Römer]. Das Wort „Osmane" ist nicht als ethnische oder nationale Wertung zu verstehen: Im Gegenteil wurde diese Bezeichnung bei den Bewohnern des Osmanischen Reiches im dynastischen Sinn verwendet. Die Osmanen wurden als Erben und Nachfolger der großen islamischen Reiche der Seltschuken, Umayyaden und Abbasiden sowie des Oströmischen Reiches, Byzanz, gesehen. Erst im 19. Jahrhundert kam es unter europäischem Einfluss zu nationalen Konzepten, davor hatte man sich über seine Religionsangehörigkeit als dem Osmanischen Reich zugehörig identifiziert. Das Aufkommen der Republik machte es notwendig, dass sich der neue Staat mit seiner türkischen Identität auseinandersetzte, um sich auf der anderen Seite von seiner islamischen Identität und Tradition zu entfernen und seine politische Tendenz Richtung Westen zu betonen.

Wenn ich im Text von der Türkei, bzw. den Türken spreche, meine ich das Osmanische Reich resp. die Osmanen, falls ich von der modernen Türkei spreche, beziehe ich mich im Text auf die Republik Türkei.

Auf die korrekte Transkription nach der Deutschen Morgenländischen Gesellschaft (DMG) der Eigennamen aus dem Osmanischen und Arabischen wird großteils zugunsten der Lesbarkeit des Textes verzichtet. Bei ganzen Sätzen in jenen Sprachen jedoch transkribiere ich laut DMG mit geringfügigen Abweichungen, wie sie an der Wiener Orientalistik gebräuchlich sind, bzw. in modern-türkischer Schreibweise. Grundsätzlich besteht ein großer Unterschied zwischen Osmanisch-Türkisch und dem heutigen Türkeitürkischen. Auf die korrekte Transkription aus dem Osmanischen im Falle von Ortsnamen und Bezeichnungen wurde prinzipiell zugunsten der heute gültigen türkischen Schreibweise verzichtet, so z. B. *Küçük Kaynarca, Pasarofça* etc.

Die im Text angesprochenen Koranverse folgen der Verszählung des Kairiner Korans. Ich empfehle beim etwaigen Nachschlagen dieser Stellen die Übersetzung von Rudi Paret: Der Koran. Stuttgart 1985.

Die zwar unterschiedlichen Begriffe „Bildpostkarte" und „Ansichtskarte" werden im vorliegenden Buch bedeutungsgleich verwendet.

Bei dem vorliegenden Buch handelt es sich um eine stark gekürzte Version meiner Dissertation an der Universität Wien. Diese ist in gedruckter Form ebenfalls im Wieser Verlag erhältlich.

Einleitung

Anhand von 472 Kriegspostkarten wird das Türkenbild der Donaumonarchie während der Kriegsjahre 1914 bis 1918 dokumentiert. Um zu einem schlüssigen Resultat zu kommen, ist vorerst festzulegen, dass das Bild, das man sich über eine Nation bzw. ein Volk macht, äußerst vielschichtig und zudem situationsbedingt ist. Im Ersten Weltkrieg nahm Österreich-Ungarn ganz klare Positionen in Bezug auf das Osmanische Reich ein: Einerseits herrschte Erleichterung vor, dass der Kriegsschauplatz Europa durch die vier Fronten, an denen die Türkei Krieg gegen die Ententemächte führte, entlastet wurde – was das Kriegsende zudem wesentlich hinauszögerte. Anderseits zeichnete sich während des Ersten Weltkriegs aus dem offiziellen österreichischen Aktenverkehr ab, dass man eine Ausweitung der Machtsphäre Österreich-Ungarns im wirtschaftlichen und kulturellen Bereich im Osmanischen Reich erhoffte. Aus diesem Verständnis heraus muss nun überlegt werden, wie sich die Erwartungen Österreich-Ungarns mit den historischen Erfahrungen, die es als direkter Nachbar jahrhundertelang mit dem Osmanischen Reich gemacht hatte, in Einklang bringen ließen bzw. was von offizieller Seite aus zu tun war, um das bereits vorhandene Türkenbild solcherart zu korrigieren, dass sich die in die Türkei gesetzten Erwartungen erfüllen könnten.

Eine Grundvoraussetzung für das vorliegende Buch ist ein Verständnis für das damalige Denken im Kontext eines Kriegsalltages, der sich wesentlich von einem normalen Alltag unterscheidet. Was war für die damals lebenden Menschen bedeutsam, was bewegte sie, welche Symbole lösten damals sofort Reflexe, einen Aha-Effekt, aus und wie verhält sich das alles im Vergleich zu einer Situation etwa 100 Jahre später? Was damals zum Allgemeinwissen gehörte, ist vielleicht heute nicht mehr verständlich. Deswegen ist es besonders wichtig, unter all diesen erschwerenden Voraussetzungen das Bündnisverhältnis Deutschlands und Österreich-Ungarns in Bezug auf den Waffenbruder Türkei mit dem Auge der damaligen Zeit zu betrachten und in unsere Zeit zu übersetzen.

Aus diesem Grund befasse ich mich im ersten Kapitel mit der bilateralen Beziehung zwischen Österreich(-Ungarn) und dem Osmanischen Reich, da es abzuklären gilt, welche historischen Ereignisse es zwischen diesen beiden benachbarten Staaten gab, die im kollektiven österreichischen Gedächtnis ihre Spuren hinterlassen haben.

Im zweiten Kapitel setze ich einen Schwerpunkt darauf, wie sich das Türkenbild seit dem Mittelalter in Europa und schwerpunktmäßig in Österreich entwickelt hat und was davon heute noch fortbesteht. Als absolutes Forschungsneuland erweist sich das Türkenbild im beginnenden 20. Jahrhundert.

Der Erste Weltkrieg beinhaltete mit der Einsetzung neuer Technik und erstmals der Waffe der psychologischen Kriegsführung – Propaganda – in vielerlei Hinsicht Wendepunkte für die weitere Geschichte Europas und ist alleine deswegen schon ein äußerst interessantes Studienfeld. Kapitel 3 befasst sich aus diesem Grund mit den Grundlinien österreichisch-ungarischer Propaganda während des Ersten Weltkriegs und bereitet so den Weg für die folgenden Kapitel auf. Zum einen muss in Kapitel 4 die Geschichte der Postkarte erzählt, zum anderen ihr Stellenwert als Propagandamittel und somit als geeigneter Träger einer beabsichtigten Änderung des Türkenbildes innerhalb der Donaumonarchie aufgezeigt werden. Die Postkarte ist ein bislang in der Forschung zwar vernachlässigtes, deswegen aber trotzdem wichtiges historisches Dokument, da die bildliche Quelle an und für sich als Stimmungsbarometer für eine bestimmte Zeitperiode gilt.

Mit dem Ersten Weltkrieg werden erstmals gezielt Einblicke in den Alltag der einfachen Leute möglich: Die Postkarte bietet, wenn sie gelaufen ist, neben ihrem Wert als Träger von bildlichen Botschaften zudem die Möglichkeit, festzustellen, was die damaligen Leute bewegte. Mitunter kommt es zu berührenden Inhalten, die Ängste und Kümmernisse der Schreiber, Hoffnungen auf Frieden ausdrücken. Auch Verärgerungen sind festzustellen, wenn einmal ein Paket an den Verwandten im Feld nicht angekommen war, bzw. die besorgte Frage, ob denn nun das Paket den richtigen Empfänger erreicht habe.

Schlussendlich wird die Kriegspostkartensammlung vorgestellt und ausgewertet. Allgemein wurde die Bildpostkarte so konzipiert, dass sie bei der breiten Öffentlichkeit Anklang – also Käufer – fand. Im Fall der Türkei, dem jahrhundertelangen „Erbfeind" Österreich-Ungarns, war einiges zu tun, um dem Feindbild Abbruch zu leisten und ein positives Image zu schaffen. Der „Erbfeind", der zum „kranken Mann am Bosporus" mutiert war und auf dessen Territorium und auf dessen Kosten man versuchte, sich einen „Platz an der Sonne"[1] zu schaffen, war mit einem Schlag aufgrund der europäischen Entwicklungen im politischen Nachfeld des 28. Juni 1914[2] zum Verbündeten geworden.

Die Kriegspostkarte wurde durch keine obere Instanz dirigiert, die Tätigkeit resp. Produkte der privaten Verlage gingen daher großteils auf Eigeninitiative zurück. Wir müssen also davon ausgehen, dass der im Verlag tätige Künstler/ Gebrauchsgrafiker hauptsächlich auf sein eigenes Türkenbild – bzw. auf die Beifügung von spezifizierenden Attributen, die für ihn das Türkische repräsentierten – zurückgriff, wenn er das Osmanische Reich, den türkischen Waffenbruder, auf einer Karte bildlich darstellen wollte. Hier müssen wir uns die Frage stellen, welches Weltbild die Grafiker/Künstler vom Orient und hier ganz konkret von der Türkei hatten, um die von ihnen gestalteten Motive umzusetzen.

Wodurch wurden Verlage und Grafiker beeinflusst? Natürlich gab es die staatliche Institution des Kriegspressequartiers (KPQ), das u. a. renommierte Künstler und Literaten beschäftigte und Kriegsmaler sowie Fotografen an die Fronten – und natürlich auch an die türkische – schickte. Diesem Umstand verdankt die Türkei übrigens das erste Portrait des späteren Staatsgründers Mustafa Kemal [Atatürks], damals noch ein relativ unbedeutender Offizier, der sich in den Schlachten bei den Dardanellen und Gallipoli profiliert hatte. Dieses wurde vom österreichischen Kriegsmaler Wilhelm Viktor Krausz angefertigt.[3] Die Berichterstattung in Tageszeitungen der Donaumonarchie jener Zeit war relativ nüchtern; satirisch-humoristische Wochenblätter wie beispielsweise „Die Bombe" oder „Kikeriki" stellten die Türkei – wenn sie diese (bildlich) thematisierten – vorwiegend traditionell orientalisch dar. Die Türkei war in Österreich-Ungarn mit Ende 1914 allgegenwärtig. Dieser Status hielt bis 1916 an, ab 1917 findet sich nur hin und wieder etwas über die Türkei in diesen Blättern. Trotzdem können wir nicht davon ausgehen, dass die Medienberichte oder die Tätigkeit des Kriegspressequartiers im Inland so nachhaltig funktionierten, dass es das Bild der ausführenden Kriegspostkartengestalter beeindruckt oder anhaltend geändert haben mag.

Die Österreicher des beginnenden 20. Jahrhunderts waren dem Osmanischen Reich, dem einstigen Nachbarn und Weggefährten gegenüber sicherlich durch stetige militärische aber auch wirtschaftliche und kulturelle Begegnungen sen-

---

1   Äußerung von Bernhard von Bülow, Staatssekretär des Auswärtigen Amtes am 6. Dezember 1897 anlässlich seiner Antrittsrede vor dem Reichstag.

2   Datum der Ermordung des österreichisch-ungarischen Thronfolgers, Erzherzog Franz Ferdinand in Sarajewo.

3   Die Türkei im Weltkrieg. Bildnisse und Skizzen von Wilh. Victor Krausz. Herausgegeben durch das Kriegsfürsorgeamt des k. u. k.. Kriegsministeriums. Wien 1916, Blatt 19.

sibilisiert: 1883 wurde in Wien das 200-jährige Jubiläum des Entsatzes der von den Türken belagerten Stadt groß gefeiert. Die Okkupation (1878) und Annexion Bosnien-Herzegowinas (1908) mag eine entscheidende Rolle in der öffentlichen Meinungsbildung gespielt haben. Was Deutschland anbelangte, so war der friedliche Wilhelminische Imperialismus, der vor Ausbruch des Ersten Weltkriegs sowohl auf China als auch auf das Osmanische Reich ausgerichtet war, der Entwicklung eines deutschen Türkenbildes vorausgegangen. Durch Vereinsgründungen im kulturellen und wirtschaftlichen Bereich, die ihr Interesse in den Orient verlagerten, war die Bevölkerung mehr oder weniger intensiv mit der Türkei konfrontiert.

In Österreich-Ungarn wurde der Islam am 15. Juli 1912 als Religionsgemeinschaft gesetzlich anerkannt. Diese Maßnahme war erforderlich geworden, da bosnisch-muslimischen Soldaten in Wien Möglichkeit zur freien Religionsausübung geboten werden musste. Deswegen gibt es sowohl vor Ausbruch des Ersten Weltkriegs als auch währenddessen Projekte eines Moscheebaus in der Hauptstadt Österreich-Ungarns.[4] Im Spiegel der österreichischen Bildpostkarte betrachtet, ist es deswegen verwunderlich, wie wenig sensibel die Grafiker manchmal mit der anderen Religion umgingen, die ihnen doch wohl bekannt gewesen sein muss – wahrscheinlich aber nur rudimentär. Dies trifft vor allem auf solche Karten zu, die Glückwünsche zu christlichen Festen wie Weihnachten, Ostern, Pfingsten bzw. zum Namenstag darstellen. Hier sind neben stereotypisierten türkischen Flaggen auch türkische Ostereier zu finden. Dies alles wirkt in Anbetracht dessen, dass das Habsburgerreich ein multiethnisches und multireligiöses war, auf den ersten Blick ziemlich grotesk.

Für den heutigen Betrachter wirken die auf den Karten abgedruckten Propagandasprüche und Parolen sehr wortgewaltig, reißerisch und aggressiv. Daraus resultiert, dass wir uns zudem mit der Diktion der Zeit zu beschäftigen haben, um zu verstehen, wie es zu diesen Formulierungen kommen konnte und vor allem, warum man sich – wie aus gedruckten und ungedruckten Primärquellen hervorgeht – derart für diesen Krieg begeistern konnte.

---

4   Siehe dazu Tomenendal 2000, S. 72.

1 Österreich(-Ungarn) und das Osmanische Reich

Bis zur Gründung der beiden Republiken Österreich (1918) und Türkei (1923) gibt es drei zentrale Wendepunkte in der bilateralen Geschichte dieser beiden Länder:

1. die osmanische Expansion (bis 1683), diese geht Hand in Hand mit dem Eindringen und der Ansiedlung der Türken in „Europa" ab 1354;
2. die österreichische Expansion (ab 1683), welche mit dem Zerfall des Osmanischen Reiches und dem Aufkommen der sogenannten Orientalischen Frage, die ihren Gipfelpunkt in den 1870er Jahren erlebt, parallel verläuft;
3. das gemeinsame Ende, das sich seit dem 19. Jahrhundert deutlich abzeichnet und mit Ende des Ersten Weltkriegs eintritt.

Die Geschichte der diplomatischen Kontakte zwischen Österreich(-Ungarn) und dem Osmanischen Reich ist fast ebenso alt wie diejenige der militärischen Auseinandersetzungen. Ab 1547 – dem Zeitpunkt des Friedensschlusses in Edirne – waren die Habsburger fast durchgehend bis zum Untergang der Donaumonarchie an der Hohen Pforte mit Gesandten vertreten. Der Sultan hatte seit 1797 in Wien einen ständigen Botschafter – erst im ausgehenden 18. Jahrhundert wurden permanente osmanische Vertretungen in wichtigen europäischen Hauptstädten eröffnet.

Im 19. Jahrhundert war Wien schließlich ein wichtiger Drehpunkt für das Osmanische Reich in Bezug auf den diplomatischen Kontakt nach Österreich(-Ungarn) und Westeuropa. Wien war neben Paris, London und Berlin einer der vier großen osmanischen diplomatischen Posten. In manchen Jahren war der osmanische Botschafter in Wien sogar der einzige in Europa. Eine erste osmanische Delegation kam bereits 1535 nach Wien; von da an bis 1748 variieren die Angaben über Gesandtschaften; der Altvater der österreichischen Orientalistik, Joseph von Hammer-Purgstall, zählt 33 oder 34 Besuche; nach anderen Quellen waren es 42. Erst ab 1833, unter der Regentschaft Sultan Mahmuds II. (1785–1839; reg. ab 1808), wurden osmanische Diplomaten und höhere Beamte einer speziellen Ausbildung unterzogen, die auch Sprachstudien im Französischen beinhaltete und westlich orientiert war.

Im Gegensatz dazu befassten sich die Österreicher bereits ab dem 16. Jahrhundert mit der osmanischen Sprache: Beamte, die ins Osmanische Reich als Konsuln bzw. als Diplomaten entsandt wurden, erhielten an der im 18. Jahrhundert ins Leben gerufenen Theresianischen Akademie neben einer fundierten Sprachausbildung auch Unterricht in Kultur und Geografie des Landes. Daraus resultierend verfügt Österreich bis heute über namhafte Wissenschaftlerinnen und Wissenschaftler in der Disziplin der Orientalistik.

Zu Kriegsbeginn in der zweiten Hälfte des Jahres 1914 war die Türkei nicht besonders österreichfreundlich eingestellt, die Okkupation (1878) und die nachfolgende Annexion (1908) Bosnien-Herzegowinas war zwar nicht mehr vordergründig im Bewusstsein der Osmanen vorhanden, die passive Haltung der Donaumonarchie in den beiden Balkankriegen (1912–1913) jedoch galt den Türken als Zeichen der inneren Schwäche Österreich-Ungarns. Das Habsburgerreich schätzte die Osmanen ebenso als innerlich geschwächt ein und sprach vom „kranken Mann am Bosporus". Das 19. Jahrhundert war in der bilateralen Geschichte jedoch lange Zeit ausgeglichen gewesen, da man in Österreich zur Überzeugung gelangt war, im Osmanischen Reich einen optimalen Nachbarn gefunden zu haben. Für beide Vielvölkerstaaten stellten die Balkanländer mit ihrem Nationalismus dieselbe Problematik dar.

Schließlich sollte das Osmanische Reich Ende 1914 aufseiten der Mittelmächte in den Weltkrieg eintreten.

Während des Ersten Weltkrieges war Deutschland im Osmanischen Reich dominierend, was in der Donaumonarchie Verärgerung auslöste, da man ein Kondominium der beiden Mittelmächte unter völliger Gleichberechtigung angestrebt hatte. Das Ziel des Kondominiums wäre es gewesen, sämtliche deutschen und österreichischen Eigeninteressen im Osmanischen Reich auszudehnen – was einer Kolonialisierung gleichgekommen wäre. Berlin sah Österreich-Ungarn jedoch nicht als gleichberechtigten Partner an, was dazu führte, dass Deutschland die Donaumonarchie übervorteilte, wann immer es nur möglich war. Dies ist durch den Schriftverkehr der damals im Osmanischen Reich tätigen Beamten des Auswärtigen Amtes und anderer österreichischer Institutionen im Land nach Wien in vielen Dokumenten belegt. Trotzdem versuchte das Habsburgerreich weiterhin, die eine oder andere Position im Osmanischen Reich zu erlangen. Um eine gleichberechtigte Stellung mit Deutschland zu erreichen, verfolgte die Donaumonarchie schließlich ab 1917 eine eigenständige Orientpolitik.

In diese Zeit fallen die meisten Propagandatätigkeiten Österreich-Ungarns im Osmanischen Reich, die großteils vom Kriegspressequartier (KPQ) ausgingen und bezweckten, die Arbeit des seit 1906 in Istanbul tätigen k. u. k. Botschafters Johann Markgraf Pallavicini und des seit 1909 in Istanbul tätigen k. u. k. Militärbevollmächtigten Joseph Pomiankowski und anderer Entsandter zu erleichtern. Mit Pallavicini und Pomiankowski hatte Österreich-Ungarn im Osmanischen Reich zwei äußerst erfahrene und des Landes kundige Diplomaten entsandt, was ihnen einige Vorteile gegenüber Deutschland einbrachte.

Ein wichtiger Teilbereich der Osmanenpolitik Österreich-Ungarns vor Ort war die Religion. Die Donaumonarchie sah sich während des Ersten Weltkriegs im Osmanischen Reich einen religiösen Auftrag erfüllen: Durch das Bündnis mit den Türken hatten die katholischen Ambitionen Österreich-Ungarns neues Gewicht bekommen. Nach Abschaffung der Kapitulationen, im Zuge derer Frankreich seine jahrhundertelange Position als Protektor der Katholiken im Osmanischen Reich verloren hatte, sah die Habsburgermonarchie die Möglichkeit, die Stelle Frankreichs einzunehmen.

Sogar der Heilige Stuhl wandte sich bittend an Österreich-Ungarn, es möge die Interessen der Katholiken im Osmanischen Reich wahren. Daraufhin nahm der sonst im Sinne einer eigenständigen Orientpolitik passive k. u. k. Minister des Äußeren Leopold Graf Berchtold eine Ausweitung der österreichisch-ungarischen Stellung in Angriff.

Die katholischen Kreise der Donaumonarchie konnten noch vor Ausbruch des Ersten Weltkriegs ihr Streben nach Einfluss im Heiligen Land ausweiten. Höhepunkte dieser Bemühungen sind 1915 in der in Wien einberufenen Konferenz von Gustav Friedrich Kardinal Piffl, die sich mit der Missionstätigkeit von Österreich-Ungarn im Osmanischen Reich auseinandersetzte, an der viele katholische Führer teilnahmen, sowie in der ersten Orientmission von Alois Musil zu finden. Die Konferenz Piffls im November 1915 erbrachte den Beschluss, dass die Donaumonarchie und Deutschland in die von Italien und Frankreich hinterlassenen Gebiete einströmen sollten. Matthias Erzberger, der Vertreter Deutschlands, vertrat die Ansicht, dass Österreich-Ungarn die Führung in dieser Hinsicht übernehmen sollte, da nur ein kleiner Teil Deutschlands katholisch sei.

Sowohl das Osmanische Reich als auch Österreich-Ungarn ging Ende des Ersten Weltkriegs unter – beide Reiche waren schon lange marode gewesen, aber nicht die inneren Zerfallserscheinungen oder der Krieg bewirkten dieses Ende: Beide Reiche waren von außen zerstört worden, obwohl sich der Verfall schon lange abgezeichnet hatte. Nicht umsonst war Österreich-Ungarn in Analogie zum Osmanischen Reich der „kranke Mann am Donaustrand" genannt worden. Der Unterschied bestand bei diesen beiden ehemaligen Großmächten wohl darin, dass das Osmanische Reich bereits seit dem 19. Jahrhundert zum Opfer der Ambitionen europäischer Großmächte wurde und die Auflösung des Staates nur noch ein Pro-forma-Akt während des Ersten Weltkrieges war, wie das Abkommen von Istanbul 1915 zwischen England, Frankreich und Russland bzw. darauffolgend das Sykes-Picot-Abkommen 1916 zwischen England und Frankreich sowie die Balfour-Erklärung 1917 von England unter Beweis stellen.[5] Im Fall Österreich-Ungarns war die Entscheidung zu einer Zerstückelung dieser einstigen Großmacht auf einem Kongress der unterdrückten Völker im April 1918 in Rom gefallen. Davor hatte man die Donaumonarchie als Stabilitätsfaktor in Mitteleuropa aufrecht erhalten wollen. So war Österreich-Ungarn ebenfalls Opfer der Propaganda geworden: Die unterdrückten Völker der Habsburgermonarchie sollten von ihrem Joch befreit und in die Eigenständigkeit geführt werden.

---

5   Vgl. z. B. Buchmann 1999, S. 269.

2 Das Türkenbild im Laufe der Jahrhunderte: „(christliches) Europa" versus „(islamische) Türkei"

Was das Bild, das Stereotyp als solches ausmacht, das man sich von dem „Anderen" macht, und wie es sich zusammensetzt, wird in der Fachliteratur unterschiedlich ausgeführt. Unter anderem wird das Stereotyp als vorgeformtes Bild definiert, das durch die soziokulturelle Umgebung übermittelt wird, bevor das Individuum seine eigenen Erkenntnisse ziehen kann bzw. bevor die Wirklichkeit als solche verifiziert wird. Essenziell dabei ist, dass Stereotypen nicht über Erfahrung erworben, sondern durch Erziehung, öffentliche Meinung und Sozialisation übertragen werden.

Drei wesentliche Fragen stellen sich: Welche soziale Schicht ist Ursprung des Stereotyps, mit welchem Medium wird das Stereotyp verbreitet und schließlich, wie sollen bestimmte, bereits mobilisierte Bevölkerungsschichten instrumentalisiert werden.

Handelt es sich um Gruppen, so ist das Stereotyp Ausdruck einer Überzeugung, die auf eine soziale Gruppe oder deren einzelne Vertreter gerichtet ist. Mit dem Bild von der anderen Gruppe entsteht ein Urteil, das jener Gruppe bestimmte Eigenschaften und Verhaltensweisen zu- oder abspricht, wobei dies auf generalisierender Weise mit emotionalem Hintergrund basiert. Ein Stereotyp geht freilich auch aus dem Bedürfnis hervor, sich eine klar geordnete und überschaubare Welt zu schaffen, indem man sich selbst (= Selbstbild) im Sinne von Einzelpersonen, Gruppen oder ganzen Nationen vom anderen (= Fremdbild) abgrenzt und sich damit sozial gesehen bestätigt. Man strebt eine solche Abgrenzung gegenüber dem anderen an, weil man sich der anderen Gruppe überlegen fühlen will. Durch das Bild eines vorwiegend negativ geprägten Stereotyps ist ein objektives Betrachten des anderen praktisch nicht mehr möglich. Nationale Identitäten braucht es überdies nur zu geben, wenn man sich gegen eine andere hin abgrenzt und sich zur ersteren zugehörig fühlt. Es ist also von einer Zwillingsbeziehung zwischen dem, was man selbst darstellt, und dem „Anderen" auszugehen: Man kann sich selbst nur definieren, indem man sich dem „Andern" gegenüber abgrenzt.

Eine Steigerungsform des Stereotyps ist das Feindbild, das ebenso schablonenhafte wie ausschließlich negative Vorstellungen übermittelt, wobei es zwei Arten von Feindbildern gibt: das politische und dasjenige einer Gruppe, die mit gewissen negativen Eigenschaften bedacht wird, wobei eine Vermischung dieser beiden Arten möglich ist.

Das Vorurteil ist dem Stereotyp gegenüber dahingehend abzugrenzen, dass ein Vorurteil revidiert werden kann, das Stereotyp jedoch unweigerlich auf seinem Urteil beharrt und so Basis für die Bildung eines Feindbildes sein kann.

Insbesondere historische Ereignisse können für die Stereotypisierung Anlass sein, je nachdem, wie positiv oder negativ konnotiert sie sind. Dem Osmanischen Reich kommt – aus historischen Gründen – in Südosteuropa eine Stelle als „negative Referenznation" zu; so wie „die Türken" wollte und will man auf keinen Fall sein. Nach den nationalen Bewegungen auf dem Balkan im 19. Jahrhundert hatte man dieses Bild nicht wieder abgelegt. Positive Referenznationen für die Balkanstaaten im Gegensatz zum negativen Bild der Türkei waren die westeuropäischen Länder und hier vor allem jene, die im Modernisierungsprozess des 19. Jahrhunderts als Vorbild galten und dies zum Teil noch immer sind.

In der Habsburgermonarchie war das Türkenbild infolge der Streitigkeiten um gemeinsame Interessengebiete auf dem Balkan kontinuierlich negativ konnotiert. Es änderte sich zwischen Ende des 15. bis Mitte des 18. Jahrhunderts kaum, ab der zweiten Hälfte des 18. Jahrhunderts wurde es insbesondere in den unteren Bevölkerungsschichten und in der Volkskultur bis in das 20. Jahrhundert genährt und zeichnet sich auch im beginnenden 21. Jahrhundert weiterhin ab.

Dafür lassen sich mehrere Begründungen finden: Die Osmanen stellten für Österreich bis zum Wendepunkt vor den Toren Wiens 1683 eine wirkliche Bedrohung dar. Anfang des 18. Jahrhunderts wurden die Osmanen noch gefürchtet, sodass sich das mit Furcht verbundene Feindbild halten konnte. Die Türkenangst verlief in verschiedenen Phasen und war manchmal mehr, dann wieder weniger ausgeprägt – natürlich intensiver, wenn gerade eine neuerliche kriegerische Auseinandersetzung mit den Türken bevorstand, zu befürchten war oder gerade ausbrach. Zudem wurde die Angst von den verschiedenen Bevölkerungsschichten unterschiedlich rezipiert.

Auch der Europabegriff und die Identitätsfindung Europas als Einheit – abgesehen vom geografischen Raum Europa – im Sinn eines „christlichen Abendlandes" findet im Mittelalter in der Begegnung, Auseinandersetzung und Abgrenzung mit dem Islam unter dem Karolingerkönig Karl dem Großen (748–814), der als Begründer Europas gefeiert wird, statt. Konkret ist eine Auseinandersetzung mit dem Islam ab jenem Zeitpunkt feststellbar, als der Islam im Mittelmeerraum auftritt. Damit Hand in Hand geht die Erkenntnis, dass der Islam Teil der europäischen Geschichte ist. Aufgrund seiner Definition ist der Islam als solcher das Pendant zu sowohl „Christentum" im Sinne der Religionsgemeinschaft als solcher und „Christenheit" als Synonym für die christliche Zivilisation.

Erste Nachrichten über die Osmanen übermittelten aus Palästina heimkehrende Pilger, aus der türkischen Gefangenschaft Zurückkehrende wie Johann Schiltberger (um 1380–1438) und türkische Kriegsgefangene. Über genauere Kenntnis der islamischen Welt verfügte man ab der Zeit der Kreuzzüge, was in weiterer Folge erste Auseinandersetzungen mit dem Koran mit sich brachte.

Das im Osten Europas situierte Osmanische Reich spielte eine wesentliche Rolle als äußerer Machtfaktor in der Identitätsformierung des modernen

Europa. Das Osmanische Reich hatte immerhin ein Viertel bis ein Drittel des europäischen Kontinents beginnend mit dem 14. bis zum 19. Jahrhundert unter seiner Kontrolle.

Die Türkenfurcht lässt sich in Mitteleuropa mit Ende des 14. Jahrhunderts in der Schlacht von Nikopolis (heute Nikopol in Bulgarien, trk. Niğbolu) 1396 dokumentieren, wobei unter dem Begriff „Türkenfurcht" die Angst vor einem übermächtigen, gefährlichen Feind, der die gesamte Christenheit bedroht und sie erobern will, verstanden wird. 1396 waren die Kreuzfahrer ausgezogen, um dem Oströmischen Reich bei der Zurückdrängung der Osmanen behilflich zu sein. Sie wurden jedoch selbst verheerend geschlagen, was in ganz Europa sein Echo fand und den Menschen vor Augen führte, was für einen Machtfaktor das Osmanenreich darstellte. Als Folge dessen kam eine erste Welle von Entsetzen und Angst auf.

Mit der Eroberung Konstantinopels 1453 durch Sultan Mehmed II. war das Byzantinische Reich endgültig gefallen. Eine sukzessive Eroberung Bosniens und anderer Balkanstaaten folgte, und ab Mitte des 15. Jahrhunderts waren die Einfälle der Türken in den Gebieten Mitteleuropas zu einer konkreten Gefahr geworden, womit sich die Türkenfurcht festigte und sowohl von Staat als auch Kirche propagiert wurde, um meinungsbildend zu wirken. Damit entwickelte sich die Angst zu einem Feindbild weiter.

Ab diesem Zeitpunkt wurden die Türken im europäischen Empfinden, das sich im Wesentlichen durch die Zugehörigkeit zum lateinischen Christentum identifizierte, als Antithese zu Europa, der europäischen Kultur und Religion wahrgenommen. In dieser Epoche wurde das Türkenbild mit dem Islam gleichgesetzt, wodurch ein Rückschluss auf das Islambild in Europa möglich wird. Es ist also von einem engen Zusammenhang zwischen Türken- und Islambild auszugehen, wobei das viel ältere Islambild des Mittelalters auf die Türken übertragen wurde. Hand in Hand damit geht, dass das Wort „Türcke" oftmals bedeutungsgleich mit „Muslim" verwendet wurde, bzw. vom „türckischen Glaub" (= Islam) oder „türckisch" (= muslimisch) die Rede war.

Eine tragende Rolle spielte die Religionskontroverse der ideologischen Gruppenzusammengehörigkeit des Christentums, das den Islam zu bekämpfen hatte, wobei das alte Bild und Verständnis des Islam als „mythische Erblast" und Fundament für die Polemik gegen die dieser Religion angehörenden Türken aufgefasst wurde. Das Wissen über den Koran, den Islam als solchen und den Propheten Muhammad war ein sehr verzerrtes.

Aufschluss über Leben und Bräuche der Türken wurde neben Reisebüchern auch durch Berichte von aus Istanbul zurückgekehrten Gesandten, Händlern und Gefangenen übermittelt. Dabei ist zu beachten, dass Gesandtschaftsberichte und Handelsberichte anderer Natur sind als Reiseberichte, da Erstere die Interaktion zwischen dem Osmanischen Reich und Europa wiedergeben, wobei Reisebeschreibungen oft mehr Hinweise über die Heimat des Autors geben als über das fremde Land, in dessen Geheimnisse der Reisende eigentlich eingedrungen zu sein glaubt.

Mit dem Einsetzen des Buchdrucks mit beweglichen Lettern im Europa des 15. Jahrhunderts wurde das sogenannte Flugblatt als informatives Medium eingesetzt, das auf einer Seite komprimiert eine Botschaft weitergab. Einen Teil davon machte eine Illustration aus. Dadurch konnten auch die Analphabeten den Inhalt des Flugblattes erfassen. Durch den Umfang des Flugblattes war desgleichen eine relativ kostengünstige Verbreitung dieses Mediums in breitere Schichten ermöglicht. Zusätzlich wurde der Inhalt des Blattes noch vorgetragen. Im konkreten Fall des Türkenflugblattes – so wie überhaupt bei Publikationen mit Türkenthematik – lässt sich eine höhere Auflage des jeweiligen Blattes feststellen, wenn die Türkengefahr wieder akuter wurde bzw. ein militärisches Ereignis zu erwarten war oder gerade stattgefunden hatte. Dabei wurden, um die Angelegenheit für den Betrachter einprägsamer zu gestalten, dem Publikum geläufige Bilder verwendet, sodass sich allgemein verständliche Bilder ergaben. Damit ergab sich ein wesentlicher Beitrag dieses Mediums für die Meinungsbildung in der Öffentlichkeit.

Als einseitiges Flugblatt wurden zudem die sogenannten „Türkenlieder" unter die Menge gebracht, die – mit Ausnahme der Schweiz – keiner räumlichen Beschränkung im deutschsprachigen Raum unterlagen. Genauso wie die illustrierten und mit Text versehenen Flugblätter hatten die Türkenlieder die Aufgabe, Bericht zu erstatten. Die Türkenliedflugblätter waren ebenso mit Bildern resp. Holzschnitten oder Kupferstichen ausgestattet, um dem Käufer einen visuellen Anreiz zu bieten.

Ab Ende des 15. Jahrhunderts werden die Türken mit dem Namen „Erbfeind" belegt, abgeleitet aus dem Mittelalterlichen „erbvint", das ursprünglich als Synonym für den Teufel diente – also denjenigen, von dem alles Böse ausgeht. In der säkularen Anwendung wurde diese Vokabel sowohl für Franzosen als auch Türken benützt, wobei im Fall der Türken der heilsgeschichtliche Charakter, den das Wort ursprünglich hatte, gänzlich beibehalten wurde. Die Bezeichnung wird zur Floskel im 16. und 17. Jahrhundert und verliert sich im 18. Jahrhundert, als die Türkengefahr schwindet, und wird dann hauptsächlich auf die Franzosen angewendet.

Das 16. Jahrhundert, von Seuchen, Wetterkatastrophen und Hungersnöten sowie hohen Steuerabgaben geplagt, war von pessimistischen Weltuntergangserwartungen geprägt, was sich in den Flugblättern bzw. den Türkendrucken im Allgemeinen widerspiegelte, wobei sich die Türkenfurcht zu einer regelrechten kollektiven Angst entwickeln konnte. Der hasserfüllte Grundtenor der Türkenpublikationen des 16. Jahrhunderts lässt sich nicht allein auf die kollektive Angst zurückführen, sondern ist gleichzeitig Ausdruck innenpolitischer Spannungen, die durch die in dieser Periode stattfindenden religiösen, sozialen und politischen Umbrüche veranlasst wird. Insbesondere der protestantische

Klerus, allen voran Martin Luther, verwendete Stellen des Alten Testaments, um die Türken zu diffamieren und sie als mit dem Teufel im Bund bzw. als Antichrist darzustellen.

Vier wesentliche Faktoren waren für die Türkenfurcht und für das Entstehen kollektiver Ängste ausschlaggebend: Zum Ersten ist die Expansion des Osmanischen Reichs unter Sultan Süleyman dem Prächtigen zu nennen, wodurch die Türken zur unmittelbaren Bedrohung für die Habsburgermonarchie wurden. Das Bild einer überlegenen osmanischen Macht entsteht, das noch lange – bis Ende des 17. Jahrhunderts – nachwirken soll. Dieses Bild prägte die Osmanenliteratur und war Auslöser immer wiederkehrender Türkenfurcht. Des Weiteren verbreiteten sowohl Kirche als auch Staat, die mit den in Europa stattfindenden Religionskriegen eines sich in Katholizismus und Protestantentum aufspaltenden lateinischen Christentums konfrontiert waren, ein Türkenfeindbild, das ihren eigenen Zwecken dienlich war und zur Steigerung ihrer Macht in Form von antiislamischer Propaganda beitrug. Damit Hand in Hand gehen Endzeiterwartung, Interpretationen verschiedener Bibelstellen auf metaphysischer Ebene und damit Bildung der Türkenfurcht unter der Bevölkerung. Dieser apokalyptische Faktor ist als ausschlaggebender Grund zu nennen, warum sich die Türkengefahr im gesamten deutschsprachigen Raum ausdehnen konnte; die protestantischen Christen im Norden waren de facto nie von den Osmanen bedroht. Als Mittler und Verbreiter kollektiver Ängste schließlich fungiert der Buchdruck.

Im 16. Jahrhundert war durch das Zusammenwirken dieser vier Faktoren der Sündenbock in der Figur des Türken gefunden, der als Strafe Gottes für die sündige Christenheit propagiert wurde, was sich in den damaligen Flugblättern darstellt und wo die Bildung eines negativen Türkenbilds, das sich schließlich zu einem Feindbild entwickelte, ihren Ansatzpunkt fand.

Das soziale Gefüge des Osmanischen Reichs gestaltete sich abweichend vom europäischen, da es die Institution des Adels nicht gab. Die bäurische Bevölkerung war im Gegensatz zur Ständegesellschaft Europas im ausgehenden Mittelalter und in der frühen Neuzeit relativ frei, was für europäischen Bauern und Handwerker einen Anziehungsfaktor bildete. Damit konnte sich in den unteren Schichten eine „Türkenhoffnung“, eine Sehnsucht nach osmanischer Oberhoheit verbreiten. Die Osmanen waren in diesem Zeitraum im Vergleich zu Europa, was die Religionsausübung anbelangte, Andersgläubigen gegenüber tolerant. In Europa hingegen galt das Prinzip *cuius regio, eius religio*. Weil das Osmanische Reich manchen Bevölkerungsschichten in Bezug auf Freiheiten, die ihnen in ihrem eigenen Staatsgebilde nicht gewährleistet wurden, sehr attraktiv erschien, steuerte man mit Flugblättern, Türkenpredigten, Türkenliedern und ähnlichen weiteren Maßnahmen gegen. Das Türkenfeindbild wurde in der Habsburgermonarchie in vielerlei Hinsicht von den feudalen Führungsschichten und vom Klerus bewusst und absichtlich verbreitet.

In Frankreich ergibt sich in den Druckwerken des 16. Jahrhunderts über die Osmanen ein völlig anderes Bild: Wo in Mitteleuropa der Türke als „Erbfeind" dargestellt wurde, sah man in Frankreich den Sultan als großen Eroberer, als „Grand Turc", der durch seine Eroberungszüge den Zerfall der europäischen Staaten betrieb. Diese Andersartigkeit des Türkenbildes lässt sich einerseits mit der relativen Entfernung Frankreichs zum Osmanischen Reich erklären, also damit, dass Frankreich von der „Türkengefahr" nicht unmittelbar betroffen war, anderseits mit der Zangenpolitik Frankreichs gegen das habsburgische Österreich-Spanien, was es mit freundschaftlichen Verhältnissen zum Osmanenreich und Italien zu erreichen suchte.

England war durch seine isolierte Lage von der „Türkengefahr" und „Türkenfurcht" unbelastet. Zudem gibt es weder Reisebeschreibungen noch Augenzeugenberichte, was erklärt, warum England in Bezug auf Türkenliteratur im 16. Jahrhundert äußerst zurückhaltend war.

Im 17. Jahrhundert ist das Türkenbild und die damit zusammengehörende Türkenfurcht in Mitteleuropa unverändert vorhanden, sie ergibt sich nur phasenweise, und zwar immer dann, wenn es zu Kampfhandlungen zwischen den Osmanen und den europäischen Staaten kam. Sie stellt sich also konkret betrachtet im Gegensatz zum 16. Jahrhundert nicht kontinuierlich dar und ist mit dem Vertrag von Karlowitz 1699 endgültig gebrochen. Dass die osmanische Macht bis Ende des 17. Jahrhunderts von den meisten Bevölkerungsschichten des Habsburgerreiches in Bezug auf militärische Stärke überschätzt und als übermächtiger Feind hochstilisiert wurde, ist unter anderem darauf zurückzuführen, dass die damals produzierte Literatur sehr statisch war und nur wenige kritische und neue Informationsquellen in das Reich gelangten. Die tatsächlichen Entwicklungen im Osmanischen Reich wurden nicht rezipiert, sodass Feindbilder weiterbestehen konnten, obwohl sie schon längst überholt waren. Aus der damaligen Literatur ist ersichtlich, dass man das althergebrachte Türkenbild ohne nachzufragen übernahm. Nur unter besonders gebildeten Diplomaten und Militärs ist bereits die Meinung vertreten, dass das Osmanische Reich nicht mehr überlegen sei. Diese sind über den inneren Machtzerfall im Osmanischen Reich bestens durch geheime Botschaften informiert, welche im Osmanischen Reich durch österreichische Gesandte und Militärs erkundet wurden.

Einen letzten großen Höhepunkt der Türkenfurcht stellte die Zweite Wiener Belagerung 1683 dar. Hier ist abermals das Bild des übermächtigen Erbfeindes präsent, bei der evangelischen Schicht machte sich zudem eine apokalyptische Furcht breit. Die Türkenfurcht lässt sich bis in die hoch gebildeten Schichten dokumentieren. Auch nach dem für Österreich erfolgreichen Entsatz ist die Türkenfurcht noch nicht gänzlich gebannt, weicht aber mehr dem Triumphdenken über die Türken, lässt sich bis zum Ende des 17. Jahrhunderts weiter latent verfolgen und endet mit dem Frieden von Karlowitz 1699 gänzlich.

Die Zahl der Gesandtschafts- und Reiseberichte nimmt im Vergleich zum 16. Jahrhundert zu, da man nun mit den Gepflogenheiten des Osmanischen Reiches vertrauter wird und mit Aufkommen des europäisch-osmanischen Handels immer mehr europäische Staaten die Gelegenheit erhalten, sich relativ frei im Orient zu bewegen.

In Westeuropa, im besonderen Frankreich, England und den Niederlanden, zeichnete sich ab Ende des 17. Jahrhunderts ein völlig anderes, vorurteilsfreies Türkenbild ab, was damit zu erklären ist, dass diese Staaten osmanenfreundliche Politik betrieben bzw. wirtschaftliche Beziehungen unterhielten, sich außerdem früher säkularisierten als Mitteleuropa und so dem Islam gelöster gegenübertreten konnten und zudem intensive und objektive orientalistische Studien betrieben. In diesem Kontext lesen sich zeitgenössische Werke aus diesen Ländern auch völlig anders als mitteleuropäische Texte. Westeuropäische Studien waren im Vergleich zu den mitteleuropäischen viel akkurater, da Letztere in ihren Arbeiten ständig vom Feindbild überschattet waren.

Die französischen Einflüsse waren schließlich ausschlaggebend für die Turquerien des 18. Jahrhunderts, die in Malerei, Grafik und angewandter Kunst anzutreffen sind, und hier insbesondere der Auftrag des französischen Botschafters in Istanbul Marquis Charles de Ferriol (1673–1722) an den sich in seinem Gefolge befindenden Maler Jean-Baptiste Vanmour (1671–1737), eine Folge von 100 Gemälden, den sogenannten *Recueil des cent Estampes,* anzufertigen. Dabei wurden die Mitglieder des türkischen Hofes und das einfache Volk des Osmanischen Reichs in seinen verschiedenen Ethnien dargestellt. Anschließend wurden die Bilder in Frankreich gestochen. Englische und italienische Gelehrte sowie Reisende und Künstler trugen ebenso wesentlich zum Wandel des Türkenbilds und damit einhergehend des Orient- und Islambilds bei.

Insbesondere jenen Gelehrten, die sich mit dem Orient beschäftigten, ist ein Wandel im Orientbild zu verdanken, da deren Studien Vergleiche anstrebten. Frankreich war zudem durch die Ideen und Schriften der Aufklärung tonangebend, was auch Mitteleuropa und damit die Habsburger Monarchie beeinflusste. So fand ein allmählicher Wandel des Türkenbilds und in weiterer Folge der Orientrezeption statt.

Während des 18. Jahrhunderts wurde das Osmanische Reich zum ersten Mal in den Primärquellen zu den europäischen Großmächten hinzugezählt: In jenem Jahrhundert – verglichen mit den vorangegangenen und nachfolgenden Jahrhunderten – spielten sowohl Religion als auch Ideologie in der internationalen Politik nur eine untergeordnete Rolle. Diese Zuordnung wurde bereits im ausgehenden 18. Jahrhundert wieder zurückgenommen und das Osmanische Reich als Teil Asiens betrachtet.

Das Türkenbild in Österreich war in der ersten Hälfte des 18. Jahrhunderts verglichen mit Türkendarstellungen in Deutschland oder Frankreich nach wie vor zurückhaltend. Attribute wie „Gerechtigkeit, Güte und Milde" waren in Zusammenhang mit „Türke" nicht denkbar. In der Donaumonarchie überwog bis zur Mitte des 18. Jahrhunderts das Triumphdenken. Erst in der zweiten Hälfte dieses Jahrhunderts kam das neue, aus dem westlichen Europa übermittelte Bemühen und Verständnis um den Orient zum Tragen.

In der Habsburger Monarchie ergeben sich im Verlauf des ausgehenden 18. Jahrhunderts zwei grundlegend verschiedene Ausprägungen des Türkenbilds: Zum einen entwickeln sich die turkophilen Exotismen der Eliten, also der hohen Bildungsschichten der Adels- und Bürgerkultur, geprägt von aufklärerischen, toleranten Gedanken. Zum anderen bleibt jedoch die Volkswahrnehmung des Türken unter den niederen Bildungsschichten der Volkskultur unverändert. Es ergab sich de facto keine Änderung in der Türkenrezeption des gemeinen Volks, nur die Furcht vor den Türken war mit Ende des 17. Jahrhunderts verschwunden, zu begründen mit den permanenten Siegen über die Osmanen.

Die Reformbestrebungen und Reformen im Osmanischen Reich während des 18. Jahrhunderts, um sich dem Westen im Sinne der Künste, Naturwissenschaften und kulturellen Entwicklungen anzupassen, werden in Europa weder bemerkt noch reflektiert und haben ergo keinen Einfluss auf das Türkenbild. Vorherrschend ist in der Literatur des 18. Jahrhunderts das Bild des Despotismus, was das Osmanische Reich anbelangt. Zwar ist diese Betrachtungsweise keine neue, im Gegensatz zu den vorangegangenen Jahrhunderten macht sich aber in Europa die Ansicht breit, dass die europäische Kultur dem Orient überlegen sei.

Ein neuerlicher Wandel im Türkenbild ergab sich durch den aufkommenden Philhellenismus zu Beginn der Aufklärung, die von der griechischen Antike im Sinne von Kultur- und Gedankengut starke Impulse bezog. Die Französische Revolution 1789, die sich in der Ideologie von der Aufklärung herleitete, löste den Anfang des Nationalismus aus. Der Nationalismus wiederum bewirkte – unter anderem – den griechischen Nationalismus und Bemühungen der Griechen für einen eigenen Staat, wobei die Einmischung europäischer Staaten – allen voran Frankreich und England – immer intensiver wurde.

Im 19. Jahrhundert präsentiert sich das Bild des „kranken Mannes am Bosporus", mit Zar Nikolaus I. wird dies zum stehenden Idiom, die Anspielung auf Krankheit in Bezug auf das Osmanische Reich lässt sich aber bereits seit dem 17. Jahrhundert in der Literatur finden. Dieses Bild wurde durch die vielen Niederlagen des Osmanischen Reichs auf militärischem und diplomatischem Gebiet unterstützt.

Ab dem Berliner Kongress 1878 wurde das Osmanische Reich endgültig von den Mächten nur mehr als „kranker Mann am Bosporus" bezeichnet. Diese Bezeichnung zieht sich bis zum Ausbruch und Verlauf des Ersten Weltkriegs in der Literatur durch und wird von allen europäischen Mächten gebraucht. Österreich-Ungarn spielte seiner Meinung nach in dem von ihm okkupierten

Bosnien und Herzegowina eine gewichtige Rolle im Sinne von „Kulturarbeit", was in den Schriften der damaligen Zeit klar zum Ausdruck gebracht wird.

Bis zum Ausbruch des Ersten Weltkriegs erlebte das Osmanische Reich im angehenden 20. Jahrhundert einige Krisen, die es ziemlich erschütterten, hier seien nur die Jungtürkische Revolution 1908, die Annexion Bosnien-Herzegowinas im selben Jahr, der Tripoliskrieg 1911 gegen Italien und die Balkankriege 1912–1913 erwähnt.

Dass das Türkenbild bei den Ententemächten – allen voran Frankreich, England und Russland – während des Ersten Weltkriegs dasselbe geblieben ist, muss nicht näher ausgeführt werden. Im Interesse der Alliierten lag es, das Osmanische Reich weiterhin als schwächlich darzustellen.

Die Mittelmächte – Deutschland und Österreich-Ungarn – mussten natürlich forciert gegen das allgegenwärtige negative Türkenbild des „kranken Mannes" vorgehen, der sein Reich weder militärisch noch auf diplomatischem Wege halten kann, womit eine völlig neue Ära des Türkenimages in der Donaumonarchie beginnt. Es liegt nun daran, der Öffentlichkeit den neuen Waffenbruder und Verbündeten in positivem Licht zu präsentieren. Durch die Okkupation und anschließende Annexion Bosnien-Herzegowinas war die Doppelmonarchie bereits mit dem Wesen des Islam gut vertraut, was als Bonuspunkt für die Einführung eines muslimischen Bundesbruders zu betrachten ist. In Wien wohnten 1900 889 Muslime, 1910 388 Muslime; davon war der Großteil Militär. Der Großteil der Zivilisten war in die Hauptstadt gekommen, um zu studieren. 1910 umfasste die muslimische Bevölkerung der Donaumonarchie in Bosnien-Herzegowina 612.000 Muslime.[6] Einer Volkszählung von 1885 zufolge gab es in Bosnien-Herzegowina 492.710 Muslime – viele Muslime waren nach der Okkupation ins Osmanische Reich ausgewandert.[7]

Insbesondere in Österreich-Ungarn war man bemüht, zu einem positiveren Türkenbild zu gelangen. Es galt zum einen, der Vorstellung entgegenzuwirken, bei den Türken handle es sich um einen schwächlichen, dahinsiechenden, pummeligen Alten, der außer Tabakgenuss und Vielweiberei nichts im Sinn habe. Dieses Bild zeichnet sich insbesondere in den Karikaturen des 19. Jahrhunderts ab. Dem versuchte man das Bild eines dynamischen, jungen, tatkräftigen Türken entgegenzusetzen. Insbesondere der sprichwörtliche Mut des türkischen Soldaten und große Tapferkeit während der Schlachten wurden hervorgestrichen. Das in den Jahrhunderten zuvor als beängstigend Dargestellte erfuhr nun einen Wandel zum Positiven. Damit sollte zudem das Vertrauen in den Bündnispartner gestärkt werden. In einem weiteren Schritt sollte der Islam als Religion der Bevölkerung näher gebracht, die Angst davor genommen werden. Zusätzlich sollten Parallelen zwischen der christlichen und muslimischen Religion durch die Werke von Universitätsprofessoren und Vortragsreihen

---

6   Bihl 1975, S. 36.
7   Babuna 1996, S. 42.

herausgestrichen werden. Der Islam sollte nichts mehr sein, vor dem man sich fürchtete. Aufklärerisch tätig in diesem Bereich war die katholische Kirche. Ganz allgemein fanden Vorlesungen, Publikationen etc. durch Experten und manche, die sich als solche fühlten, statt. Das Türkische wurde als erlernenswerte Fremd- und Weltsprache propagiert.

Hilfreich im Sinne der Imageverbesserung der Türken waren natürlich die militärischen Erfolge der Osmanen in den Dardanellen zu Kriegsbeginn und dann weiter im Verlauf des Jahres 1915, über die in den Wiener Tageszeitungen groß berichtet wurde.

3 Österreichisch-ungarische Propaganda
im Ersten Weltkrieg

Der Begriff „Propaganda" wurde eigentlich im frühen 17. Jahrhundert für katholische Missionarsinstitutionen geprägt und erfuhr im 18. und 19. Jahrhundert einen Bedeutungswandel hin zum Politischen, womit im deutschen Sprachraum eine negative Konnotation einherging. Erst um die Jahrhundertwende änderte sich dieses Bild, als der politische Hintergrund mit dem wirtschaftlichen im Sinn von „Reklame" deckungsgleich wurde. Dadurch kam diesem Begriff im anfangenden 20. Jahrhundert eine auch im politischen Sinn durchaus positive Bedeutung im Sinne von „Werbung" zu – für kämpferische Propaganda benützte man in diesem Zeitraum den Terminus „Agitation" –, die durch das Einsetzen der Propaganda-Aktivitäten im Ersten Weltkrieg wiederum einen Einschnitt erfuhr.

Propaganda ist eng mit dem Begriff der Stereotypie verbunden: Je weniger man über eine andere Gruppe weiß und je weiter diese von der eigenen Gruppe entfernt ist, desto eher ist man zu einem Pauschalurteil geneigt bzw. lässt man sich in eine bestimmte Richtung beeinflussen. Natürlich spielen bestimmte Tendenzen der Masse zu gewissen Anlässen hiebei eine wichtige Rolle. Das vielleicht allerwichtigste Element für das Gelingen von Propagandamaßnahmen stellt der Aktionsradius dar, der seinerseits von den technischen Entwicklungen und den Verkehrsverhältnissen abhängig zu machen ist.

Der Erste Weltkrieg brachte als erster großer Massenkrieg einschneidende Veränderungen in der Kriegsführung mit sich: Es handelte sich nun um einen Wirtschaftskrieg, einen Materialkrieg und einen industrialisierten Krieg. Neue Taktiken fanden Anwendung, so unter anderem auch die Taktik des Stoßtrupps mit blitzschnellen Angriffen. Flugzeuge, die zum ersten Mal im Tripoliskrieg 1911–1912 eingesetzt worden waren, wurden nun zum gängigen Bild, die Kavallerie wurde durch die Artillerie abgelöst, Maschinenpistolen sowie Chemikalien wurden eingesetzt etc.

Mit dem Ersten Weltkrieg ist durch das Einsetzen von Massenkommunikation noch ein weiterer wesentlicher Schritt in die Geschichtsforschung des Alltags, der Mentalitätsgeschichte gesetzt, da nun der Alltag des Einzelnen durch schriftliche Zeugnisse nachvollziehbar wird. Die neu erlangte Mobilität brachte kommunikative Perspektiven und Interessen mit sich, auf denen der spätere Öffentlichkeitssinn aufbaute.

Vor allem England war auf dem Gebiet der Propaganda sehr stark, die Mittelmächte hingegen unterschätzten die Möglichkeiten der Propaganda. Immer wieder stößt man in deutschsprachigen Quellen auf die Feststellung, dass die Mittelmächte aufgrund der englischen psychologischen Kriegsführung den Krieg verloren hätten, wobei die Position Englands sicherlich übertrieben wurde.

Erwiesenes Faktum ist, dass gerade die Frontpropaganda keine Neuerfindung Englands und Frankreichs gewesen war, sondern im Gegenteil die Zentralmächte und Italien die Pioniere gewesen waren.

In der Propagandaführung des Ersten Weltkriegs unter den Bündnispartnern handelt es sich eindeutig um einen „deutschen Krieg", wie auch die Kriegspostkartensammlung hinlänglich beweist: Das Bündnis zwischen Österreich und Deutschland wird besonders hervorgehoben – und dies zuungunsten der anderen in der Donaumonarchie ansässigen Völker, etwa den eigentlich gleichgestellten Ungarn, v. a. aber gegenüber den slawischen Völkern.

In Österreich-Ungarn gab es während des Ersten Weltkriegs keine zentrale Propagandastelle, der die Aufgabe zugefallen wäre, die öffentliche Meinung zu bilden. Daher kam es auch nicht zu einer systematischen Beeinflussung der breiten Öffentlichkeit. Die Propagandatätigkeiten blieben größtenteils private Initiativen oder private Organisationen wurden vom Staat unterstützt, jedoch ohne das Ziel zu verfolgen, auf die Gesamtbevölkerung einzuwirken. Sehr im Vordergrund dieser Aktionen standen karitative Organisationen mit Hilfsappellen, sei es nun im Bereich des Plakats, des Flugblattes oder der Kriegspostkarte. Neben dem Kriegspressequartier (KPQ) gab es noch andere staatliche Stellen, die sich im Bereich der Propaganda betätigten, so beispielsweise das Literarische Büro des Außenamtes, das Kriegsfürsorgeamt u. a. Diese unterschiedlichen Propagandastellen behinderten sich in ihrer Arbeit oft gegenseitig, es entstanden auch regelrechte Oppositionen. Dies änderte sich erst, als die gesamte ausländische militärische Propaganda im März 1917 in den Kompetenzbereich des KPQ fiel und dieses somit zur Zentralstelle für Propagandaarbeiten wurde.

Im Ersten Weltkrieg wurde in den Propagandamaßnahmen verstärkt auf Kunst und Kultur als Transportmittel der eigenen Kultur und des landeseigenen Kulturverständnisses gesetzt, wie v. a. die Tätigkeitsbereiche der offiziellen und offiziösen Stätten, die Kriegspropaganda betrieben, aufzeigen. Diese bezweckten, die Überlegenheit vor den Feinden nicht nur den eigenen Landsleuten sondern auch den Verbündeten sowie den neutralen Staaten zu demonstrieren. Oft zitiert wird in diesem Zusammenhang das Sprichwort *„inter arma silent musae"*, das aber ganz offensichtlich durch die künstlerischen Aktivitäten während des Krieges widerlegt wird. Ganz im Gegenteil vermittelt sich der Eindruck, als hätte der „Weltenbrand" die Phantasie und Ausdruckskraft der Künstler und Schriftsteller beflügelt und zu neuen Ausdrucksformen angeregt.

Der Kriegspostkarte kam keine kriegsentscheidende Bedeutung zu, es gab in dieser Hinsicht wesentlich stärkere Propagandainstrumente wie Film, Plakat, Presse (im Sinne von Druckwerken jeglicher Art) etc., die eingesetzt wurden. Trotzdem ist die Karte Ausdruck der allgemeinen Kriegsbegeisterung in den Anfangsjahren des Ersten Weltkrieges und verändert sich dann auch, indem sie die Hoffnung auf Frieden in Wort und Bild – da beispielsweise symbolisiert durch die einen Ölzweig im Schnabel tragenden Tauben bzw. durch den einen Ölzweig haltenden Friedensengel – wiedergeben.

Die Postkarte wurde auch bewusst als Propagandamedium Österreich-Ungarns in der Türkei eingesetzt, wie beispielsweise aus einem Bericht des k. u. k. Militärbevollmächtigen Pomiankowski an das k. u. k. Armeeoberkommando in Wien aus dem Jahr 1915 ersichtlich ist.[8] Darin berichtet er, 5.000 Ansichtskarten erhalten zu haben, die auf der Vorderseite den österreichisch-ungarischen Generalstabschef Generaloberst Freiherr Conrad von Hötzendorf darstelle. Diese Karten wurden in der ganzen Türkei von den österreichisch-ungarischen Konsulaten verteilt.

---

8   KA AOK KPQ 37 (P) Liasse Propaganda, Res. No. 528 (k. u. k. Militärbevollmächtigter Pomiankowski in Konstantinopel an das Armeeoberkommando in Wien; 27. August 1915).

4 Die Postkarte

Die Voraussetzung für die Verbreitung der Postkarte als Massenmedium war zum einen durch den technischen Fortschritt im Bilderdruck und zum anderen in den Bemühungen, die Postgebühren zu senken, gegeben. Ziemlich zeitgleich entstand in Deutschland die Idee der Bildpostkarte durch Heinrich von Stephan (1831–1897) und in Österreich-Ungarn durch den Nationalökonomen Emanuel Hermann die Correspondenz-Karte, die ohne Umschlag versendet werden konnte. Am 1. Oktober 1869 wurde die erste Postkarte der Welt in Österreich-Ungarn herausgegeben, wobei man diese eigentlich nur für Korrespondenz innerhalb des Landes vorgesehen hatte. Durch den riesigen Erfolg der Correspondenz-Karte, von der innerhalb des ersten Jahres mehrere Millionen versendet wurden, entschlossen sich andere Länder, ebenfalls Postkarten einzuführen. Die erste Postkarte in Deutschland und England wurde 1870 verschickt. Bereits 1871 gaben Belgien, die Niederlande, Schweiz, Luxemburg und Dänemark eigene Postkarten aus, die die österreichische Correspondenz-Karte als beispielhafte Vorlage benützten; als erstes außereuropäisches Land gab Kanada 1871 Postkarten heraus. In Frankreich wurde die Postkarte landesweit 1872 eingesetzt. Ende 1874 verkauften Italien, Spanien, Russland, Rumänien, die meisten skandinavischen Länder, Japan, Chile und die USA Postkarten.

Begünstigt wurde die Verbreitung der Postkarte als Massenmedium durch mehrere Umstände: Sie war kostenmäßig – im Gegensatz zu Zeitungen, die durch ihren Anschaffungspreis den besser Situierten vorbehalten war – leicht erschwinglich und somit den einfachen Leuten zugänglich. Sie war ein schnelles Kommunikationsmedium, da die Post mehrmals am Tag ausgetragen wurde sowie das Bedürfnis gestiegen war, sich kurz und bündig mitzuteilen – diese Entwicklung erfolgte in Ermangelung anderer Medien, wie beispielsweise das Telefon, die erheblich teurer waren und dadurch wesentlich weniger Menschen zur Verfügung standen. Für viele war die Postkarte das schnellste Mittel der Kommunikation. Wegen des nur in geringem Ausmaß für den Text zur Verfügung stehenden Platzes musste sich der Schreiber kurzfassen. Anderseits war das Schreiben einer Postkarte nicht so aufwändig wie das Verfassen eines Briefes, das der gebildeteren Schicht vorbehalten war. Ein weiteres Faktum, das die rapide Verbreitung der Postkarte als Kommunikationsmittel historisch verständlich macht, ist der Umstand, dass sich die Familienstrukturen im 19. Jahrhundert wandelten: Während in der ersten Hälfte des 19. Jahrhunderts die Familien bzw. die Freunde räumlich kaum getrennt waren, begann mit der Epoche der Industrialisierung die Auswanderung von Familienmitgliedern in die Stadt, es entstand das Industrieproletariat bzw. der Mittelstand in den Großstädten, der das Bedürfnis hatte, mit seinen Angehörigen und Bekannten in der Heimat zu kommunizieren.

1875 schlossen sich 22 Länder auf einer Konferenz in Bern zusammen, um eine ungehinderte länderübergreifende Postübermittlung zu garantieren, indem man eine internationale Postvereinigung ins Leben rief. Vor diesem Abkommen galt die jeweilige Korrespondenzkarte nur innerhalb der Grenzen des eigenen Landes. 1878 wurde durch den Weltpostvertrag in Paris, an dem 36 Staaten teilnahmen, die Postkarte in Russland, Amerika und Europa zugelassen und eine einheitliche Gebühr für die Auslandssendungen zwischen den Teilnehmerstaaten festgelegt.

Seit 1885 waren die Herstellung und der Vertrieb der Bildpostkarten in Deutschland freigegeben, was mit sich brachte, dass auch private Verlage produzieren durften. Hand in Hand damit ging die Entfaltung von Sammlerleidenschaft: Es wurden ganze Postkartenserien gedruckt, die es zu sammeln galt. Das Themenspektrum reichte von Grußkarten, Glückwunschkarten, Portraits berühmter bzw. öffentlicher Personen, Werken von Künstlern, topografischen Ansichten, Erotikkarten, Witz- und Karikaturkarten über Theater und Mode bis zu Szenen aus dem Volksleben u. v. m. Des Weiteren gab es Darstellungen von aktuellem Belang, also Anlass- bzw. Ereigniskarten wie beispielsweise Naturkatastrophen oder Politikertreffen. Um 1900 wird allgemein vom Goldenen Zeitalter der Bildpostkarte gesprochen, eine Unzahl von Motiven war im Umlauf, die ersten Künstlerpostkarten kamen auf den Markt, und die Postkarte war zum hauptsächlichen Kommunikationsmittel geworden. Die letzte wesentliche Entwicklung auf dem Sektor der Postkarte ereignete sich 1902, als aufgrund der nun die Vorderseite beherrschenden Motive die Anschriftseite zur Rückseite und durch eine Linie in zwei Teile für die Adresse und den Text aufgeteilt wurde.

Die Ansichtskarte konnte an Kiosken, in Papiergeschäften, Gaststätten, bei fliegenden Händlern usw. erworben werden; es gab eine Vielzahl an Motiven und Themen, sodass der Käufer freie Wahl hatte und sich mit der Wahl der Postkarte zu einem gewissen Grad zu seinen Gesinnungen bekannte, da er seine Vorlieben bzw. Ansichten durch die gekaufte Karte zum Ausdruck brachte. Die Postkarte ist somit als Abbild der damaligen Alltagskultur, als Ausdruck des Zeitgeistes zu verstehen, so man von topografischen und einfachen Grußkarten absieht, lässt sich das Bild von Einstellungen und Ideen etc. klar herausarbeiten.

Die Hersteller von Postkarten erkannten die vorhandene Marktlücke und produzierten immer neue Motive und Anreize; ab 1905 entstand ein neuer Postkartentyp, die Spezialpostkarte. Darunter versteht man Postkarten, die sich von der normalen Postkarte unterscheiden: solche mit mechanischen Teilen bzw. Rotationskarten oder solche mit ungewöhnlichen Funktionen, Halt-gegen-das-Licht-Karten, bzw. Karten aus ungewöhnlichem Material, Puzzle-Postkarten, Faltpostkarten (= Leporellokarten) sowie Karten in ungewöhnlichen Formaten oder mit verschiedenartigen Applikationen, so z. B. echtes Menschenhaar, außerdem Stereopostkarten, die nur gelesen werden können, wenn sie in einer bestimmten Schräglage gehalten werden.

Die erste deutsche Kriegspostkarte wurde mit kleinen Illustrationen während des Deutsch-Französischen Kriegs (1870–1871) verwendet. Kriegskitsch auf Karten und damit die erste Verwendung der Karte als meinungsbildende Propagandakarte kam während des Burenkriegs (1899–1902) auf. Im Boxeraufstand in China (1900–1901), im Russisch-Japanischen Krieg (1904–05), im Tripoliskrieg (1911) und während der beiden Balkankriege (1912–1913) wurde dieses Medium bereits bewusst als Propagandamittel eingesetzt.

Bei Ausbruch des Ersten Weltkrieges war kein Rückgang des Mediums Bildpostkarte bemerkbar, weder in Hinsicht auf Neuerscheinungen noch in Bezug auf die Anzahl verkaufter Postkarten. Der Höhepunkt der illustrierten Postkarte wird im Ersten Weltkrieg erreicht. Eine Vielzahl von Motiven kommt auf, da Kriegspropaganda in Deutschland und Österreich-Ungarn zwar staatlich kontrolliert war, aber nicht zentral – weder einheitlich noch systematisch – gelenkt wurde. Die österreichischen und deutschen Verlagshäuser genossen aus diesem Grund den großen Vorteil des Individualismus. Einige private Verlagshäuser bemühten sich darum, die Qualität ihrer Karten zu erhöhen und verpflichteten zu der damaligen Zeit bekannte Künstler wie Fritz Schönpflug, Carl Josef, Ludwig Koch, Erwin Pendel, Karl Feiertag u. a. Zumeist wiesen die Karten jedoch nicht die Signatur des ausführenden Künstlers auf, es handelte sich vor allem um Kinderbuch- und Zeitschriftenillustratoren, Plakat- und Werbegrafiker, die neue Motive anfertigten.

Der Postkarte kommt im Ersten Weltkrieg als Bild- und damit politisches Propagandamedium große – wenn auch keine kriegsentscheidende – Bedeutung zu, da sich alle am Krieg beteiligten Mächte dieses Mediums bedienen, sich auf das Thema Krieg beziehen und somit die damalige Mentalitätsstruktur dokumentieren. Sie ist wichtiges Medium visueller Kommunikation, das einerseits die persönliche Mitteilung des Schreibers an den Empfänger enthält, anderseits eine generellere, nach außen gerichtete Botschaft aufgrund des abgebildeten, durch den Käufer aus einer Vielzahl von Möglichkeiten ausgewählten Motivs, womit die Bildpostkarte zusätzlich suggestive Kraft erhält. Sie wurde während des Ersten Weltkrieges nicht nur verschickt sondern auch gesammelt. Von staatlicher Seite wurden ebenso Kriegssammlungen angelegt, in Wien waren in dieser Hinsicht das Kriegsarchiv, das Heeresgeschichtliche Museum (das damals k. u. k. Heeresmuseum hieß), die Wiener Stadt- und Landesbibliothek, das Wien Museum (das von 1887 bis 2003 Historisches Museum der Stadt Wien hieß) und die k. k. Hofbibliothek (die heutige Nationalbibliothek) tätig, wo man 1915 sogar eine eigene Abteilung für diesen Zweck eröffnete, die aber nach dem Ersten Weltkrieg in den 1920er Jahren sukzessive aufgelöst wurde und in verschiedene Abteilungen der Bibliothek gelangte.

Eine Kriegssammlung sollte so viele Zeitzeugnisse wie möglich zusammenzutragen – neben Flugblättern also Plakate, Zeichnungen, Postkarten, Gedenkblätter, Vivatbänder, Anstecknadeln etc. –, um den Krieg zu dokumentieren.

Der damalige Direktor der k. k. Hofbibliothek, der Orientalist Josef Ritter von Karabacek (1845–1918; Direktor 1899–1917), setzte sich besonders dafür ein, die Sammlung auszuweiten. Der mit der Sammlung betraute Dr. Othmar Doublier unterhielt mit den Bibliotheken in Berlin, Leipzig und Budapest rege Tauschbeziehungen. Unter anderem gab es eine Rubrik Bildpostkarten, die speziell geordnet wurden, zu der es einen handgeschriebenen Katalog mit 55 Kategorien gab.

Die Feldpostkarte wurde während des Krieges bei nachweislicher Verwendung portofrei von der Front in die Heimat und umgekehrt zur Verfügung gestellt. Damit konnte man gleichzeitig das psychologische Bedürfnis stillen, mit der Heimat in Kontakt zu treten und die Soldaten bzw. die Zurückgebliebenen im Hinterland auf dem Laufenden halten, was den Gesundheitszustand der jeweiligen Personen anbelangte. In diesen Karten ist nur selten die Realität des Kriegsalltags zu erkennen, da sowohl der Soldat im Felde seine Angehörigen schonen wollte bzw. aufgrund der Zensurbestimmungen keine detaillierteren Angaben machen durfte, als auch die Angehörigen zu Hause ihre wirklichen Lebensumstände verschwiegen, um den im Felde stehenden, seine Pflicht dem Vaterland gegenüber erfüllenden Soldaten nicht zu belasten. Die Karten waren natürlich auch der Zensur unterworfen, die für die Soldaten strenge Disziplinarverfahren mit sich gebracht hätte, wenn ein Verstoß gegen die Vorschriften festgestellt worden wäre.

Während des Ersten Weltkrieges wurden in Deutschland durchschnittlich ca. 16,7 Millionen Feldpostkarten, Briefe und Pakete an die Front und in das Hinterland befördert, insgesamt wurden im Zeitraum von August 1914 bis November 1918 28,7 Milliarden Postsendungen verschickt; in Frankreich beliefen sich die Feldpostsendungen im selben Zeitraum auf ungefähr 10 Milliarden.[9]

Die Feldpostkarte war während des Kriegs das am meisten gebrauchte Korrespondenzmittel. An amtlich aufgelegten österreichischen Feldpostkarten wurden während des Krieges 655.696.314 Stück, an amtlich aufgelegten ungarischen Feldpostkarten 171.622.200 Stück produziert, was in Summe 827.318.414 Stück ergibt, die in der Monarchie und an die Feldpostämter ausgegeben wurden.[10] Dabei sind privat erzeugte Feldpostkarten bzw. im Feld erzeugte Karten noch nicht mit einkalkuliert.

Ihren letzten wirklichen Höhepunkt erlebte die Postkarte also während des Ersten Weltkriegs, danach nahm ihre Bedeutung als Sammel- und Kunstobjekt ab. Besonders nach Ende des Zweiten Weltkriegs verliert sie in Westeuropa an Bedeutung, nachdem die Postkarte im Verlauf jenes Kriegs als Propagandamittel perfektioniert worden war. Erst die späten 1960er Jahre lassen die Postkarte als Sammelobjekt wieder erwachen. Postkarten sind heute begehrte Sammelobjekte, die auf manchen Auktionen Bestpreise erzielen.

---

9   Flemming 2004, S. 7 f.
10 Höger 1989, S. 43.

5 Die Kriegspostkartensammlung Atılgan/Tomenendal

Während des Ersten Weltkrieges wurde eine große Fülle an Ansichtskartenmotiven produziert, wobei in diesem Buch eine Einschränkung auf die Gattung Kriegspostkarte[11] mit einer Fokussierung in Bezug auf die Darstellung der Türkei durch die Bündnispartner während der Kriegsjahre 1914–1918 vorgenommen wurde. In der einschlägigen Literatur findet sich die Angabe, dass mehr als 50.000 verschiedene Motive als Kriegspostkarten in Österreich und Deutschland verlegt worden sein mögen.[12] Hilfreich waren in dieser Hinsicht diverse Ausstellungskataloge zum Ersten Weltkrieg, die entweder ausschließlich auf der Postkarte basierten, oder dieses Format zumindest exzessiv nutzten, sowie spezielle Auktionskataloge für Ansichtskarten und andere einschlägige Publikationen. Um einen guten Überblick zu bekommen, ist heutzutage das relativ neue Medium Internet zu einer wichtigen Forschungsquelle geworden: Auch im wissenschaftlich kaum beforschten Bereich der Sammelobjekte gibt es eine Vielzahl von Websites auf der ganzen Welt – seien es private Websites von Sammlern, seien es Websites von Händlern oder Auktionen sowie Internetforen für Sammler. Im Zuge der Recherchearbeiten griff ich auf dieses Medium regelmäßig zurück und bildete von diesem Beobachtungsschatz ausgehend Erfahrungswerte. Aufgrund dieser virtuellen Beobachtungen über einen Zeitraum von zwei Jahren macht der spezifische Teilaspekt der Kriegspostkarte, die das Osmanische Reich resp. die Türkei zusammen mit den Mittelmächten abbildet, einen geringfügigen Prozentteil – wenn nicht gar einen vernachlässigbaren Teilaspekt – des Gesamtmaterials aus.

Nachdem die österreichisch-ungarischen und deutschen Propagandakarten sich nicht wesentlich in ihrer Thematik und Aussage voneinander unterscheiden – mit Ausnahme des Textes vielleicht –, wird in der vorliegenden Sammlung keine Einschränkung auf die Herkunft der Karte vorgenommen. Alle Karten haben den Kampf gegen den gemeinsamen Gegner zum Thema. Oftmals sind die Abkürzungen der Firmennamen bzw. Logos der herstellenden Verlage noch nicht wissenschaftlich erschlossen.

Vereinzelt finden sich in der Sammlung ungarische (121, 200, 308) und türkische (023, 250, 315) Karten sowie eine in Sarajewo hergestellte Karte (093), die für den/die Bündnispartner werben. Karte 225 ist das einzige Produkt eines neutralen Staates, nämlich der Schweiz.

Um das Bild abzurunden, finden sich einige Ententekarten in der Sammlung sowie zwei tschechische (226, 230), die direkt nach dem Ersten Weltkrieg produziert wurden.

---

11 Unter Kriegspostkarte werden solche Bildpostkarten verstanden, die direkt oder indirekt durch das auf ihr dargestellte Motiv auf den Krieg Bezug nehmen. Natürlich ist die Bedeutung des Militärs als Thematik auf den Kriegspostkarten eine zentrale, was insbesondere durch militärische Insignien zum Ausdruck kommt.

12 Weigel / Lukan / Peyfuss 1983, S. 35.

Die Sammlung umfasst zum momentanen Stand eine Kartenanzahl von über 500 Stück. Die Nummerierung der Karten erfolgte chronologisch nach dem Datum des Erwerbs. Anschließend wurden die Karten in verschiedene Kategorien eingeteilt. In diesem Bereich kann es natürlich zu Überschneidungen kommen.

Von den insgesamt untersuchten 472 Karten ist mehr als die Hälfte – nämlich 275 Stück – gelaufen. Zentrale, immer wiederkehrende Themen sind Gesundheit/Krankheit der Schreiber bzw. Adressaten, Witterungsverhältnisse, der Erhalt von Paketen und deren Inhalt, zumeist Tabakwaren und Nahrungsmittel, sowie der Bericht oder Nachfrage über Bekannte/Verwandte, die gleichfalls im Feld standen. Krankheit und Tod werden ebenfalls nicht ausgespart. Im zivilen Postkartenverkehr werden eher alltägliche Probleme angesprochen, die sich als Kriegsfolge ergaben, wie zum Beispiel die Kohleknappheit.

Wo die Karten produziert wurden, lässt sich nicht immer genau feststellen, die Sammlung enthält etwas mehr sicher in Deutschland hergestellte Karten (218), in Österreich wurden sicherlich 139 Karten produziert. Bei 33 Karten ist eine wahrscheinliche Zuordnung zu einem der beiden Länder möglich, bei 48 weiteren Karten ist allerdings eine Zuordnung ganz unmöglich. Zwei Karten sind aus einer Koproduktion Deutschlands und Österreichs hervorgegangen. Die restlichen Karten stammen aus Ungarn (4), Frankreich (5), Italien (4), Koproduktion Frankreich und Italien (1), der Schweiz (1), England (4), Russland (1), der Tschechoslowakei (2), Belgien (1), Bosnien-Herzegowina (1), Serbien (1) und der Türkei (3). Vier weitere Karten wurden nicht auf ihren Produktionsort hin untersucht.

Die meisten Verlage waren, wie bereits angeführt, als Privatunternehmen tätig, unterlagen keiner staatlichen Kontrolle und produzierten in unterschiedlicher Qualität. Alteingesessene und renommierte österreichische Verlage wie die Brüder Kohn[13], Josef Löwy[14], August Luigard[15] oder M. Munk[16] vertraten dabei ein künstlerisches Niveau, das mit dem des Kriegspressequartiers vergleichbar war, da genügend Kapital vorhanden war, um die bekannten Künstler jener Zeit für sich arbeiten zu lassen. Desgleichen waren (offiziöse) Vereine fleißige Verleger von Postkarten, um mit diesem Medium im Sinne einer Eigenwerbung neben ihren Vereinsmitgliedern noch eine möglichst breite Masse von Interessenten durch künstlerisch mehr oder minder hochwertige Karten zu erreichen. Der in der vorliegenden Sammlung durch drei Ansichtskarten vertretene k. u. k. österreichische Flottenverein bezweckte beispielsweise, die zivile Bevölkerung auf die Wichtigkeit der maritimen Schifffahrt und deren Förderung aufmerksam

---

13 In der Sammlung mit 31 Karten vertreten. Dabei handelt es sich um die Karten 010, 024, 032, 046, 057, 074, 082, 090, 118, 123, 128, 131, 133, 149, 152, 153, 159, 177, 183, 223, 227, 232, 240, 248, 280, 285, 298, 305, 332, 446, 459. Von den insgesamt vorhandenen Karten sind 23 signiert.

14 Karten 088 und 396. Die Karten sind nicht signiert.

15 Karte 192, nicht signiert.

16 Karten 007, 027, 038, 291. Drei Karten davon sind signiert.

zu machen. Der Verein trat dafür ein, sowohl die österreichisch-ungarische Kriegs- als auch Handelsmarine auszubauen und war sehr darum bemüht, neue Mitglieder zu werben. Die Wichtigkeit und der Einflussbereich dieses Vereins wird allein aus der Tatsache ersichtlich, dass auf dessen Initiative das k. u. k. Kriegsfürsorgeamt ins Leben gerufen worden war. Während der Kriegsjahre wurden die Ansichtskarten dieses Vereins als offizielle Postkarten des Österreichischen Flottenvereins zugunsten des Kriegsfürsorgeamtes, des Kriegshilfsbüros und des Roten Kreuzes herausgegeben. Ausführender Künstler war u. a. der zu jener Zeit angesehene Marinemaler Harry Heusser. Weitere Vereine, die eigene Kriegspostkarten erzeugten, sind in der Sammlung z. B. der *Bund der Deutschen in Nieder-Österreich* und *Ostmark, der Bund deutscher Österreicher*. Diese Vereine erzeugten ebenfalls im künstlerischen Sinn hochwertige Postkarten. Einige davon gewannen sogar Preise auf internationalen Ansichtskartenausstellungen. Große Firmen druckten Karten als Werbekarten für die eigenen Produkte. In der vorliegenden Kriegspostartensammlung ist dies zutreffend für die Bahlsen-Keksfabrik, wobei aber die betreffende Karte nur Flaggen darstellt und nicht den obligatorischen Bahlsen-Keks, der sich auf so vielen Kriegspostkarten dieser Firma findet (wie z. B. als Weihnachtsmotiv: Soldaten erhalten Bahlsen-Kekse oder Leibnitz-Kekse[17] als Liebesgabe). Auch die Firma Knorr war in dieser Hinsicht sehr tätig und warb für ihre Suppenerzeugnisse im Felde.

Zudem gab es für den Staat tätige Verlage, die für das Kriegsfürsorgeamt und das Kriegshilfsbüro bzw. für das Rote Kreuz druckten. Allgemein hatten diese Institutionen einen höheren künstlerischen Anspruch als private Verlage. Die offiziellen Karten für diese drei Hilfsvereinigungen konnten offensichtlich auf Vorlagen aus der Kunstabteilung des Kriegspressequartiers zurückgreifen, es handelt sich also zum Großteil um Reproduktionen von Bildern im Postkartenformat. In der vorliegenden Sammlung sind insgesamt 23 Karten[18] aus der Produktion dieser Hilfsorganisationen vorhanden. Ebenso erzeugte die Gesellschaft vom Türkischen Roten Halbmond (023, 250) hochwertige Bilder.

Das Gloria-Viktoria-Album wurde beispielsweise vom Kriegsfürsorgeamt in Eigenregie herausgegeben und war zum einen als Postkartensammelwerk angelegt, zum anderen diente es als Nachschlagewerk für die diversen Kriegsschauplätze, darunter auch jene der türkischen Front. Insgesamt umfasste das Sammelalbum 437 Seiten. Bei den Postkarten handelt es sich um speziell angefertigte fotografische Aufnahmen aus dem Feld oder Repliken nach Bildern bekannter Künstler. Die Postkarten waren unter der Bezeichnung Gloria-Viktoria-Postkarten in Buchhandlungen und Geschäften erhältlich, sowie beim Verlag selbst zu beziehen. Der Preis betrug 7 Heller für eine Serie zu 6 Stück, und monatlich kamen ungefähr 20 Serien heraus.

---

17 Flemming 2004, S. 107, 110.
18 Es handelt sich hierbei um die Karten 008, 013, 065, 069, 110, 114, 115, 132, 134, 135, 136, 161, 162, 163, 166, 168, 169, 170, 178, 258, 259, 278, 285.

Die Postkartenvorlagen stammten nicht nur von Malern, sondern auch von Fotografen und zum Großteil von Gebrauchsgrafikern. Diese waren Plakatgestalter, Typografen, Buchkünstler etc. Die Großzahl der Gebrauchsgrafiker ist namentlich nicht bekannt bzw. biografisch nicht zu fassen. Das Umfeld dieser Berufssparte ist in Hinsicht auf Ausbildung und Arbeitsplatz kaum beforscht. Das Entstehen des Berufs ist jedoch eng mit dem Aufkommen von Werbemaßnahmen verbunden. Bedingt durch die gute Auftragslage entstanden noch vor dem Ersten Weltkrieg Werbeateliers. Mit dem Ersten Weltkrieg ergab sich eine Zäsur, da weniger Aufträge eingingen – kommerzielle Werbung erfolgte nur in geringem Rahmen. Zahlreiche Gebrauchsgrafiker wurden als Soldaten eingezogen und aufgrund ihrer speziellen Befähigung mit Sonderaufgaben wie Illustrationen, Kriegsbildern und Entwürfen von Plakaten und Postkarten beauftragt.

Der ausführenden Künstler/Gebrauchsgrafiker der jeweiligen Postkartenvorlage ist also eher in den Hintergrund gerückt, da die Postkarte *per se* Massenware und somit Gebrauchskunst war. Die Gebrauchskarte war vielen Künstlern der damaligen Zeit zu banal, sodass sie es in der Regel ablehnten, Postkarten zu entwerfen. Wenn dies jedoch erforderlich war, so war der ausführende Künstler nicht unbedingt darauf versessen, dass bekannt wurde, wie er seinen Lebensunterhalt verdiente. Dieser Umstand spiegelt sich auch in der Sammlung wider: 331 von insgesamt 472 Karten sind nicht signiert. Von den verbliebenen 141 signierten Karten stammen 70 aus einem österreichischen Verlag, jedoch nur 40 aus einem deutschen Verlag. Weitere 15, von einem Künstler signierten Karten lassen sich nicht eindeutig zuordnen. Jeweils 3 signierte Karten stammen aus Frankreich, England und Ungarn, jeweils 1 Karte aus Belgien, Serbien und der Tschechoslowakei.

Die deutsche und die österreichische Kriegskunst ist bis auf Ausnahmen nicht aggressiv, meist beschränken sich die Künstler auf Genre und Symbolik, aggressiv ist die Darstellung – wenn schon – ausschließlich im Bereich der Karikatur. Die österreichischen Kriegskunstmaler sind dabei generell betrachtet höherrangig in ihrer Bedeutung bzw. Ausbildung als jene der anderen Verbundländer bzw. der Ententemächte. Die Aufschlüsselungen zu dem biografischen Hintergrund der Künstler/Gebrauchsgrafiker zeigen auf, dass die österreichischen Künstler wesentlich besser erforscht sind als die deutschen.

Im Fall österreichischer Karten werden durch die Kanäle des Kriegspressequartiers Bilder von Kriegsmalern im Postkartenformat für das Rote Kreuz, das Kriegshilfsbüro und das Kriegsfürsorgeamt erzeugt. Unter den Kriegsmalern des KPQ fanden sich nur bekannte Namen der damaligen Zeit, u. a. waren Geo Gerlach, Ludwig Koch, Emil Ranzenhofer, Fritz Schönpflug, Willy Stieborsky und Karl Alexander Wilke tätig. Im einschlägigen Aktenmaterial des KPQ ist dokumentiert, dass sogar mehrere renommierte Künstler wie z. B. Harry Heusser für eine Aufnahme als Kriegsmaler abgelehnt wurden, weil bereits ausreichend berühmte Künstler tätig waren.

Manche Künstler hatten sich bereits bedeutende Namen als Grafiker in der Plakatkunst gemacht, wie Theodor Zasche, Emil Ranzenhofer, der Ungar Mihály Biró und Fritz Gareis. Zudem war eine bedeutende Anzahl der signierenden Künstler in den damals wöchentlich erscheinenden humoristisch-karikaturistischen Zeitschriften tätig, so Johann Bahr, Julius Diez, Fritz Gareis, Arthur Johnson, Carl Josef, Friedrich Kaskeline, Leonard Ravenhill, L. F. Sancha, Fritz Schönpflug, Willy Stieborsky, Arthur Thiele, Karl Alexander Wilke sowie Theodor Zasche.

Auch Malerinnen fertigten Karten mit Kriegs- und Türkenbezug an, in der vorliegenden Sammlung sind dies Pauline Ebner, Alice Gassner, Marianne Hitschmann-Steinberger, Ida Paulin und Maria Lipp.

Vorwiegend stellen solche Künstler öffentlich wichtige Personen, Ereignisse an der Front, Anlasskarten, topografisches Material, Karikaturen und Kinderkarten dar. Eher keine Künstlerangaben finden sich in den sehr stereotypen Kategorien 1 und 10.

Eine zentrale Frage, die sich beim Betrachten einer Karte stellt, ist die Botschaft, welche das Bild vermitteln soll. Damit befasst sich die Ikonografie, d. i. die Lehre der Bildbeschreibung[19]. Sie setzt sich neben der Thematik des Bilds mit den Details der Darstellung so wie z. B. den Quellen des Künstlers und dem Auffinden und Analysieren von tieferen Bedeutungen auseinander.

Die ebenfalls heranzuziehende Ikonologie stellt sich die Aufgabe, den kulturellen, sozialen und historischen Hintergrund in den Themen der bildenden Kunst zu erkennen. Aus diesem Zusammenhang wiederum versucht sie eine Erklärung zu geben, warum ein bestimmtes Thema zu einer bestimmten Zeit an einem bestimmten Ort von einer bestimmten Person, die entweder der Künstler selbst oder ein Auftraggeber für das Werk sein kann, auf eine bestimmte Art und Weise dargestellt wird. Neben dem kunstgeschichtlichen Zusammenhang müssen deswegen die gesellschaftlichen Entwicklungen, die der Künstler durchgemacht hat oder die ihn beeinflussten, berücksichtigt werden.

Nicht immer ist eine ikonografische Interpretation und in einem weiteren Schritt eine ikonologische Interpretation möglich; in dem zu untersuchenden Postkartenmaterial trifft dies nur auf äußerst wenige Karten zu. Hinzuweisen ist speziell darauf, dass es sich bei den ausführenden „Künstlern" zumeist um Gebrauchsgrafiker handelt und dass der Großteil der Postkarten als Massenware und nicht als Kunstsammelobjekt angelegt war, wir also nicht von ausgezeichneten Kunstwerken ausgehen dürfen. Nichtsdestotrotz finden wir Hinweise darauf, dass die Künstler als Kinder ihrer Zeit mit ihrem Erfahrungsschatz und vor allem ihrem stereotypen Bild der Türkei diese demgemäß darstellten.

Zusätzlich finden sich auf den Postkarten Parolen, Texte, Sprüche, Zeilen aus damals gängigem Liedgut sowie Schlagworte. Diese sollen den Käufer ansprechen und starke Gefühle erzeugen bzw. die durch das Bild erzeugten Sinnesreize

---

19   Siehe dazu detailliert Panofski 2002 und Van Straten 1989.

intensivieren. Dabei werden die gängigsten Stereotype benützt und wiederholt, mit den Kampfestexten zwingt man zudem den Leser zu Engagement bzw. schürt man die allgemeine Kriegsbegeisterung. Themen sind hier Vaterlandsliebe, Verhöhnung des Feindes bzw. dessen Herabsetzung und damit Hand in Hand gehend seine Verharmlosung. In der hier vorgestellten Kriegspostkartensammlung ist ein starker Fokus auf die Beteuerung der Einigkeit und Treue gegenüber dem Bündnispartner gelegt. Ebenso werden Gottvertrauen, die Hilfe Gottes in einer gerechten Sache, die Treue zum Kaiser sowie Siegesgewissheit thematisiert.

Schlagworte kann man in religiöse, moralische („Ehre"), rechtliche (Völkerrecht, Menschenrecht), realpolitische, nationale, übernationale und soziale Schlagworte unterteilen. Aus den genannten Bereichen finden sich zahlreiche Beispiele auf den untersuchten Postkarten, oftmals werden die Schlagworte aus den verschiedenen soeben angeführten Kategorien miteinander kombiniert. Als Beispiel sei hier die Karte 336 angeführt mit ihrem Text *„Heiliger Bund, siegreich fechte, im Kampfe für Freiheit und Menschenrechte"*. Die hier enthaltenen Schlagworte stammen aus dem Bereich Religion (heilig), Übernationalität (Bund), Recht (Menschenrechte) und Soziales (Freiheit).

Viele der Texte sind – wie die im Anhang angeführte Tabelle 1 gut dokumentieren kann – Teile von Strophen von (Kriegs-)Liedern und Hymnen bzw. Aussprüche, die von hochstehenden Persönlichkeiten des öffentlichen Lebens wie Wilhelm II., dessen Sohn und Kronprinz Friedrich Wilhelm oder Bismarck getätigt wurden bzw. einen religiösen (Martin Luther-Äußerungen, Zitate aus der Bibel) oder literarischen Hintergrund aufwiesen (Gedichte, Dramen von berühmten Dichtern und Literaten).

Kantige Sprüche werden vorwiegend auf Karten benützt, die relativ stereotyp mit vexillologisch-heraldischen Motiven ausgeführt sind (Kategorie 1). Oft wurden Karten aus dieser Kategorie von den Verlagen mit demselben Bildinhalt aber mit verschiedenen Sprüchen gedruckt. Die Karte wird in diesem Fall also mit einem markigen Spruch ausgestattet, um als Propagandamittel verwendet werden zu können.

In der Kriegspostkartensammlung Atılgan/Tomenendal gibt es keine Karte, die den Tod thematisieren würde. Dieses Motiv ist allgemein auf Kriegspostkarten jedoch relativ häufig anzutreffen. Die Friedensthematik, die in einigen Publikationen zu diesem Thema angesprochen wird, lässt sich in dem untersuchten Konvolut an Kriegspostkarten nicht vordergründig feststellen.

Während des Ersten Weltkriegs wurde zudem eine unüberschaubare Menge an patriotischer Lyrik produziert, in diesem Bereich waren bekannte Literaten wie beispielsweise Ludwig Ganghofer (1855–1920) tätig. Die Gedichte beschäftigten sich mit allen möglichen, den Krieg betreffenden Belangen, so beispielsweise mit der Darstellung der Soldaten, des Heeres im Allgemeinen oder der Beschreibung von Schlachten und dem Beitritt der Türkei aufseiten der Mittelmächte. Mit Ausbruch des Kriegs begann eine reiche, wenn auch nicht literarisch hochstehende Gedichtkultur zu wuchern, oftmals wurden bereits bekannte Gedichte oder Lieder, sogar Gebete einfach umgedichtet bzw. Zeilen, mitunter sogar ganze Strophen eingefügt. Die patriotische Stimmung, die damals herrschte, wie verbunden man sich den Soldaten an der Front fühlte und wie sehr man zu der gemeinsamen Sache des „gerechten Krieges" stand, tritt hierbei in den Vordergrund. Gerne wurden historische Märsche und Lieder wie das Prinz-Eugen-Lied und das Andreas-Hofer-Lied umgedichtet, die „Wacht am Rhein" wurde zu einer „Donauwacht" bzw. einer „Wacht am Bosporus" und einer „Dardanellenwacht" umfunktioniert.

Bei den hier vorhandenen Beispielen finden wir v. a. Gedichte, die den Kampfgeist stärken, zur Mobilisierung aufrufen bzw. eine bestimmte Motivation zum Kampf entstehen lassen sollen. Manche Gedichte verhöhnen den Gegner, andere wiederum sind Beschreibungen bzw. Verherrlichungen von Kämpfen.

Auf den Karten werden zudem immer wieder spezifische Bildattribute verwendet. Eingangs haben wir davon gesprochen, wie wichtig es ist, den Zeitgeist des Ersten Weltkrieges zu erfassen; manche symbolische Bedeutung mag heute nicht mehr verstanden werden. Vor allem im Bereich der Blumenattribute – ausgenommen es handelt sich um saisonale Beifügungen wie beispielsweise die Birke zu Ostern/Pfingsten oder die Stechpalme in der Weihnachtszeit bzw. zur Jahreswende – muss einiges offenbleiben, da keine schlüssige Erklärung für ihre Einsetzung auffindbar war (siehe Anhang, Tabelle 2).

6 Das Türkenbild in der Kriegspostkartensammlung Atılgan/Tomenendal

Die vorliegende Sammlung wurde in 11 Hauptkategorien unterteilt, die in weitere Kategorien aufgespalten sein können. Ein und dieselbe Karte kann diesem System zufolge mehrfach zugeordnet werden (siehe Anhang, Tabelle 3). Diese Kategorien sind:

1. **Vexillologie und Heraldik:** Fahnen und Wappen haben von der Symbolik her betrachtet schon immer eine wichtige Rolle eingenommen. Sie sind auf fast jeder Karte in der einen oder anderen Form vorhanden. Insgesamt betrachtet handelt es sich bei Karten, die vorwiegend diese Motivik aufweisen, um sehr stereotype Karten, die relativ wenig Aussagekraft haben. Deswegen sind insbesondere in dieser Kategorie markige Sprüche beigefügt. Die Fahne Österreich-Ungarns ist zumeist die Habsburgerfahne, also schwarz-gold. Die deutsche Fahne begegnet neben der Reichsflagge (schwarz-weiß-rot) auch in Form der kaiserlichen Kriegsflagge. Was die türkische Flagge anbelangt, ist diese im Gros der Fälle als rote Fahne mit Halbmond sowie Stern (mit unterschiedlich vielen Zacken) dargestellt. Manchmal ist sie jedoch grün, dann ist nicht das Osmanische Reich, sondern die Position des Sultans als Kalif, als höchste religiöse Autorität über die sunnitisch-islamische Welt angesprochen. Der türkischen Flagge wird von den Illustratoren häufig das Tribut des Halbmonds am Fahnenmast beigegeben. Der Halbmond symbolisierte schon immer die Türken, v. a. im Zeitalter der Türkenfurcht. Auf relativ wenigen Karten wird der sogenannte Rossschweif abgebildet, was auf osmanischen zeitgenössischen Fahnen nicht der Fall ist, sodass davon auszugehen ist, dass dieses Attribut von den Grafikern selbst hinzugefügt wurde, wahrscheinlich aufgrund von historischen Reminiszenzen, was man sowohl auf deutschen als auch österreichischen Postkarten ersehen kann. Den Rossschweif auszustecken war in alten Zeiten auch der Aufruf für den Krieg.
2. **Repräsentanten bzw. repräsentative Nationalsymbole:** In dieser Kategorie sind neben den verbündeten Regenten bedeutende Generäle, in der Geschichte wichtige historische Persönlichkeiten wie beispielsweise Prinz Eugen oder Andreas Hofer, nationale Mythen sowie Denkmäler bzw. Allegorien und Personifikationen enthalten.
3. **An der Front I:** Hier wird das Soldatenleben zusammen mit dem Bündnispartner in bestem Licht sichtbar gemacht. Eine wahrnehmbare Zielsetzung in dieser Kategorie ist die Verniedlichung und Verharmlosung des Kriegs, insbesondere als Frauen und Kinder als Soldaten dargestellt werden. Hier ist auch wahrnehmbar, dass die Menschen für den Kriegszustand ihres Landes begeistert werden sollen. Hervorgehoben bei den Kriegspostkarten

der Sammlung Atılgan/Tomenendal ist die Waffenbrüderschaft mit dem türkischen Bündnispartner. Die Soldaten sind an ihren unterschiedlichen Uniformen erkennbar, sodass hier keine Fahnenattribute als Identifikatoren gebraucht werden. Der Türke ist in dieser Kategorie gleichberechtigt mit deutschen und österreichisch-ungarischen Soldaten zu sehen: Er ist ebenso jugendlich-frisch, trägt bevorzugt Schnauzbart, feldgraue Uniform sowie eine Fez. Des Weiteren werden in dieser Kategorie militärische Landschaften und Kriegsgeräte thematisiert.

4. **An der Front II – Anlass- und Ereigniskarten an der osmanischen Front:** Diese Karten beschäftigen sich speziell mit dem türkischen Kriegsschauplatz. Die Karten sind kunstvoller ausgestattet als jene der anderen Kategorien. Themen sind der Kriegsbeitritt der Türkei aufseiten der Zentralmächte, die Verkündung des Dschihad und damit das Topos des Heiligen Kriegs[20], die Kriegsereignisse an den Dardanellen/Gallipoli/Bosporus, Ereignisse am Suezkanal sowie die Kaukasusfront und andere Kriegsschauplätze wie Kut el-Amara in Mesopotamien und Odessa. Schließlich zählen zu dieser Kategorie auch Karten, die den Kriegsbeitritt Bulgariens als vierter Bündnispartner aufseiten der Mittelmächte thematisieren.

5. **Topografie:** In dieser Kategorie sind Landkarten und Globen dargestellt. Damit soll der herrschaftlich-territoriale, imperialistische Anspruch eines Landes untermauert werden. Verstärkt wird dieser Eindruck noch, wenn die Monarchen den Weltball in Händen halten (z. B. Karte 088). Landkarten dienen zudem der Verbildlichung von Kampfschauplätzen.

6. **Karikaturen:** Drei wesentliche Bestandteile machen eine Karikatur aus: Übertreibung, Weglassung von Nebensächlichem sowie die allgemeine Tendenz der Karikatur (aggressiv, offen, suggestiv etc.). Das wesentliche Element einer Karikatur ist das Bild selbst, oftmals ist es zusätzlich von Texten begleitet. Karikaturen werden veranlasst, beziehen sich auf Ereignisse, die sie bedingen. Sie sind unbedingt als subjektive, die Meinung des Karikaturisten widerspiegelnde Darstellungen zu verstehen. Gerade in dieser Kategorie spielen Symbole und symbolhafte Charaktere eine tragende Rolle. Nationale Gestalten sind sehr gebräuchlich, wie der deutsche Michel, die Germania bzw. die Austria, der englische John Bull, der amerikanische Uncle Sam und die französische Marianne. Auch Tiere können Länder symbolisieren, so wird England entweder als Bulldogge oder als altersschwacher Löwe skizziert, Frankreich ist ein Hahn, Italien eine Schlange, Japan ein Affe, Russland ein Bär, Österreich-Ungarn ein doppelköpfiger Adler, Deutschland der Stauffenadler etc. Dem Osmanischen Reich jedoch wurde kein Tiersymbol

---

20 Der heilige Krieg ist nicht allein ein Phänomen der islamischen Sphäre, sondern begegnet auch im christlichen Raum. Insbesondere während des Ersten Weltkriegs findet der Begriff Anwendung auch in Österreich-Ungarn: *„Man zog ja schließlich in einen ‚heiligen Krieg‘ für die gerechte Sache und fühlte sich, von diesem Glauben besessen, den Feinden turmhoch überlegen“*. Vgl. Brunner 1971, S. 118.

zugeordnet. Im Fall der Kriegskarikatur werden sowohl Verbündeter als auch Gegner konstant in derselben Gestalt zur leichteren Identifikation wider-gegeben. In dieser Kategorie finden sich in der Kriegspostkartensammlung Atılgan/Tomenendal auch Karten der Ententemächte. In den Karikaturen der Verbündeten ist der osmanische Bündnispartner stets gleichberechtigt. Die Ententemächte hingegen bedienen sich des alten Türkenbildes, nämlich das des alten, kranken Manns am Bosporus.[21]

7. **Feldpost:** Feldpostkarten konnten sowohl von Verlagen als auch von Staats-postämtern produziert werden. Außerdem wurden Feldpostkarten der Type rosa erzeugt, die nach dem 5. Mobilisierungstag in einer bestimmten Anzahl an jeden im Feld stehenden Soldaten ausgeteilt wurden und von diesen por-tofrei versendet werden konnten.

8. **Technische Errungenschaften – Transportmittel:** In dieser Kategorie sind Schiffe, Unterseeboote, Eisenbahnen, Flugzeuge und Zeppeline dargestellt. Der Kontext zu den Türken wird hier ausschließlich über Fahnenattribute hergestellt. Karten solcher Motivik bezwecken, vor Augen zu führen, mit welch fortschrittlichen Mitteln man gegen den Feind Krieg führte.

9. **In der Heimat:** Hier finden sich alle Karten, die im weitesten Sinn mit dem nicht-kriegsführenden Hinterland verbunden sind. Dazu gehören nostalgische Abbildungen mit in der Heimat sehnsüchtig auf die bald Wiederkehrenden wartenden Frauen. Diese können aber auch Soldatinnen sein. Auf diese Art, sowie durch Kinderdarstellungen wird das Bild des Kriegs verharmlost und verniedlicht: Selbst Frauen und Kinder können Kriege gewinnen. Familien, d. h. Mütter und Kinder, die auf die zurückkehrenden Väter warten, sind ebenso Gegenstand von Abbildungen. Schließlich sind auch Kriegsanleihen und Kriegswerbungen (z. B. Bahlsen) in dieser Kategorie vorhanden, in der Heimat wird für den Krieg geworben.

10. **Gruß- und Glückwunschkarten:** Glückwunschkarten zu verschicken, ist in Europa eine althergebrachte Tradition, die sich bis ins Mittelalter nachvoll-ziehen lässt und dann in Barock und Biedermeier eine besondere Hochblüte erlebt. Auch während der Kriegszeit werden Unmengen von Karten ver-sendet, die den Empfänger beglückwünschen: sei es zu dessen Geburts- oder Namenstag, sei es zu einem religiösen Fest wie Weihnachten, Ostern, Pfingsten bzw. dem Krampus- und Neujahrsfest. Bezug zum Osmanischen Reich wird in dieser Kategorie vorwiegend im vexillologischen Bereich her-gestellt. Hier ist vor allem darauf hinzuweisen, dass christliche und mus-limische Feste einander eigentlich nicht entsprechen, die Belegung insbe-sondere religiöser Festtage mit türkisch-muslimischen Symbolen daher eher Erstaunen hervorruft. In diesem Rahmen sind besonders die Osterkarten hervorhebenswert, bei denen Ostereier die Farben der osmanischen Fahne

---

21 Insgesamt finden sich 19 solche Karten in der Sammlung. Diese sind: Karten 004, 016, 226, 230, 367, 384, 387, 390, 401, 414, 417, 418, 428, 434, 438, 458, 463, 467 und 471.

tragen bzw. Weihnachtskarten, auf denen der Weihnachtsbaum mit osmanischen Fahnen geschmückt ist.

11. **Materialkarten – Varia gesamt:** Hier sind von der Produktion und Gestaltung her außergewöhnliche Karten beinhaltet, wie zum Beispiel selbst gefertigte Karten, Karten, die sich der optischen Täuschung bedienen (377, 378), Halt-gegen-das-Licht-Karten (399) etc.

Die aussagekräftigste Kategorie innerhalb der getroffenen Einteilung ist No. 4, die den Kriegsschauplatz im Osmanischen Reich, also die osmanischen Fronten thematisiert. Dies ist auch die realistischste der Kategorien, man stellt dar, was man quasi erlebt hat, an Ort und Stelle sind für das KPQ tätige Künstler und Fotografen stationiert und erhielten dann Arbeitsurlaub in der Heimat, um die gewonnenen Eindrücke in größeren Werken zu verarbeiten. In Wien wurde zu diesem Zweck eine Bildersammelstelle eingerichtet. Die so entstandenen Kunstwerke wurden teilweise für Reproduktionszwecke, also für Postkarten, aber auch für Bücher und Zeitungen angefertigt. Pflichtexemplare der Werke waren an das k. u. k. Kriegsarchiv und das k. u. k. Heeresmuseum abzuführen. Auf diese Weise wurden 7.441 Kunstwerke bis Mai 1917 erzeugt.[22]

Sämtliche anderen Kategorien weisen nur einen schwachen, da unrealistischen Türkei-/Türkenbezug auf.

Viel aussagekräftiger sind die in der Sammlung mit nur wenigen Beispielen vertretenen Karten der Ententemächte, die das Bild des Türken nach wie vor an dasjenige des „kranken Mannes am Bosporus" – also das alte Stereotyp – binden.

In weiterer Folge soll hier nicht nur das relativ spärliche bzw. wenig aussagekräftige Türkenmaterial auf seinen Gehalt hin untersucht und analysiert, sondern auch das große Unverständnis bzw. die Unkenntnis des Orients resp. der Türkei aufgezeigt werden, die die nicht zentral gelenkten ausführenden Gebrauchsgrafiker und die sie beauftragenden Verlagshäuser dazu verleitete, in so manches Fettnäpfchen im visuellen Kontext zu treten.

Es stellen sich nun mehrere Fragen: Mit welchen Attributen wurde ein Kontext zum Osmanischen Reich hergestellt bzw. konnte sich im visuellen Bereich trotzdem das eine oder andere alte Stereotyp/Vorurteil gegenüber den Türken in den Karten der Mittelmächte halten, obwohl man sich während der Kriegsjahre wirklich intensiv darum bemühte, das alte Negativbild zu beseitigen und mit einem neuen positiven Bild zu überdecken bzw. zu ersetzen suchte?

Untersucht man das türkische Element und dessen Stellenwert innerhalb der jeweiligen Kategorien tiefer greifend, trifft man auf unterschiedliche Darstellungsformen der Waffenbrüder. In manchen Fällen ergibt sich ein wertender Unterschied zwischen den Bündnispartnern, in anderen Fällen sind diese gleichberechtigt abgebildet. Vor allem in Kategorie 2 gibt es keinen wertenden

---

22 Mayer 1963, S. 29.

Unterschied zwischen den verbündeten Monarchen. Als einziger General der Türken wird Enver Pascha gezeigt, von dem es außerdem zahlreiche Portraits im Postkartenformat gibt, in Kombination mit österreichischen und deutschen Heeresführern wird er in den Hintergrund gestellt. Dies ist beispielsweise ganz deutlich ersichtlich auf Karte 030, auf der Hindenburg und Hötzendorf aktiv Waffen schmieden, während Enver Pascha sich passiv im Hintergrund aufhält.

Bei Darstellungen von nationalen Mythen und Gestalten sowie im Bereich der Allegorie und Personifizierung lassen die Gebrauchsgrafiker in Bezug auf die Türkei und ihren reichen Schatz an Mythen wohl wegen ihrer Unkenntnis diese Hintergründe betreffend völlig aus. Die Kriegssammlung stellt eine mitteleuropäische Sicht der Dinge dar, orientalische Traditionen und Auffassung werden dabei völlig außer Acht gelassen, was noch näher auszuführen ist.

Postkarten der Kategorie 3 verzeichnen keinen Unterschied zwischen den Bündnispartnern in Bezug auf Soldaten. Auf den Karten der Mittelmächte ist der Türke in fast allen Fällen als junger, kräftiger Mann abgebildet, der so groß wie seine deutschen und österreichisch-ungarischen Kollegen ist. Dies ist bei näherer Betrachtung eine durchaus verständliche visuelle Aussage, gilt es doch, in der öffentlichen Meinung einen starken Bündnispartner zu propagieren, was nur durch das Bild eines vitalen Soldaten zu erreichen ist. Treten die Waffenbrüder vereint gegen die Alliierten an, ist ebenfalls kaum ein Unterschied zwischen dem türkischen Soldaten und seinen Verbündeten wahrnehmbar.

Ein Missverhältnis zwischen Deutschland, Österreich-Ungarn und der Türkei ist vor allem im Bereich der Darstellung von Kindsoldaten feststellbar: Das türkische Kind – dies gilt ebenso für das bulgarische – ist kleiner als sein deutsches bzw. österreichisches Pendant. Oftmals ist es das letzte Glied in der Reihe. Anscheinend steht es in der Obhut von Deutschland und Österreich-Ungarn – eine Auffassung, die sich in deutschem und österreichischem diplomatischem Aktenmaterial bestätigt. Hier zeigt sich zudem das Überlegenheitsgefühl, das dem Orient gegenüber bestand. Im Gros der Fälle übernimmt das deutsche Kind die Führung, ihm unterstehen die übrigen Kindsoldaten. Daraus lässt sich weiter ableiten, dass sich Deutschland als führend im Krieg betrachtete.

Die Unterordnung des türkischen Elements ist auch in Kategorie 1 zu sehen: Während sich die deutsche und/bzw. die österreichisch(-ungarische) Fahne im Vordergrund befinden, sind die türkische und (so vorhanden) die bulgarische Fahne oftmals wesentlich kleiner, im Hintergrund oder an letzte Stelle gereiht (z. B. Karte 185) bzw. nur als Wappen abgebildet.

Im Bereich der Karikatur wird ab und zu auf das alte Türkenbild eines pummeligen alten Mannes in traditioneller Tracht zurückgegriffen, der allerdings einen vergnügten, gepflegten und keineswegs kranken Eindruck hinterlässt. Dieses alte, etwas modifizierte Türkenbild begegnet auf den Karten 025 und 228. Auf Karte 468 wird sogar auf das Bild des Islam zurückgegriffen.

Die Türkei kann zudem alleiniger Gegenstand einer Postkarte sein, dann zumeist in der Darstellung eines Kindes (als Teil einer Serie von Einzeldarstellungen, so bei Karte 006, 338 und 435 der Fall) bzw. wird ein offizieller Repräsentant wie Sultan Mehmed Reschad V., Vizegeneralissimus und Kriegsminister Enver Pascha sowie Großwesir Said Halim Pascha gewählt. In der Sammlung ist ein Beispiel aus der Kategorie 1 vorhanden. Hierbei handelt es sich um Karte 217, zusätzlich zur Fahne ist die Tuğra[23] Sultan Mehmed Reschads V. rechts oben abgebildet. Die Verbündeten Deutschland und Österreich-Ungarn sind als zierende Bänder beigegeben. Hier handelt es sich um den Teil einer Serie, der die verbündeten Flaggen zum Thema hat. Des Weiteren ist dies zutreffend auf Karte 344 aus der Kategorie 10, die die türkische Fahne abbildet und mit einem Weihnachtsgruß verbindet.

6.1 Türkische Attribute und deren Bedeutung

Um den oftmals stereotypen Bildinhalt der Postkarten mit dem Osmanischen Reich in Einklang zu bringen, werden bestimmte Symbole eingesetzt, die teils schon eine lange Geschichte als Türkenattribut aufweisen können. Dies sind beispielsweise der Halbmond *(Hilāl)* und der Rossschweif *(Tuğ)* sowie Rauchwaren (v. a. Wasserpfeife) und die Kopfbedeckung Fez. Oftmals werden Symbole miteinander kombiniert, um den türkischen Aspekt deutlicher hervortreten zu lassen (siehe Anhang, Tabelle 4).

Der Fez, eine rote Kopfbedeckung mit Quaste, ist wohl das gebräuchlichste türkische Attribut, das identitätsstiftend eingesetzt wird, wenn man von einer Identifizierung über die Vexillologie absieht. Er wird auf zwei Karten überdimensional groß dargestellt, aus ihm strömen im einen Fall Menschenmassen, was eine Art Mobilisierung des Osmanischen Reichs symbolisieren soll (Karte 139), im anderen Fall (Karte 421) lugt ein Kindsoldat unter dem Fez hervor, mit dem lateinischen Sinnspruch *per aspera ad astra* (Durch Kampf zum Sieg) kombiniert.

Der Fez wurde als Kopfbedeckung in der Türkei nur relativ kurz benützt. Eingesetzt wurde er unter der Regierung von Sultan Mahmud II. Der Ausgangspunkt für den Bedarf einer neuen Kopfbedeckung war gelegt, als der Sultan die Eliteeinheit des osmanischen Heeres, die Janitscharen, im Jahr 1826 auflöste und an ihre Stelle eine neue Armeetruppe, die *Asakir-i Mansure-i Muhammediyye* (= die siegreiche Armee von Muhammad) einsetzte, deren Uniform sich nach westlichen Standards richtete. Davor waren schon die Reformbestrebung Sultan

---

23   Als Tuğra (Handzeichen) bezeichnet man den Namenszug des Sultans, das als sein Beglaubigungszeichen anstelle einer Unterschrift gilt. Sie können auf Dokumenten, Bauten oder Münzen angebracht sein, und haben ihren Ursprung in der alten asiatischen Bogenpfeilsymbolik. Im Lauf der Jahrhunderte wurde sie kalligrafisch immer kunstvoller ausgeführt, oftmals sind in die Schleifen der Tuğra Ornamente eingefügt, oder sie sind mit Gold verziert.

Selims III. aus dem Jahr 1793, die sogenannten *Nizam-ı Cedid* (= Neuregelung) durch eine großherrliche Verfügung erlassen worden, zu der man Militärreformer aus Frankreich in das Osmanische Reich eingeladen hatte. Dies stieß aber bei den Truppen des Reiches und insbesondere unter den Janitscharen auf heftigen Widerstand. Selim III. wurde in der Folge von den revoltierenden Janitscharen gestürzt, als er sich 1807 abermals darum bemühte, Reformen der Truppen nach den Grundsätzen der *Nizam-ı Cedid* umzusetzen. Erst unter Sultan Mahmud II. konnten die Reformarbeiten – und zwar in allen Bereichen – fortgesetzt werden, allerdings nur auf Umwegen, die Janitscharen behinderten weiterhin die dringend notwendigen Reformen. Die Reformversuche Mahmuds II. blieben bis 1826 ohne Fortsetzung. Erst in jenem Jahr wurden die Janitscharen zerschlagen, nachdem sie eine weitere Revolte gegen die Reformen angezettelt hatten, die durch ein *Hatt-ı Şerif* (= großherrliches Schreiben) angekündigt worden waren.

1828 wurde der Fez schließlich als Kopfbedeckung der Soldaten auf Anordnung Sultan Mahmuds II. eingesetzt, sein Ursprung war nordafrikanisch, genauer gesagt stammte er aus Marokko, dessen orientalischer Name „Fas" ist. Der Fez stammt also aus „Fas". Diese Kopfbedeckung hatte den interimistisch für die neue Truppe eingesetzten Şubara zu ersetzen, wie auf einen Befehl des Obermuftis und des Großwesirs umgesetzt wurde. Der Fez konnte sich gut als muslimische Kopfbedeckung im Bereich des Militärs und des öffentlichen Dienstes etablieren, sodass bei seiner Abschaffung zusammen mit anderen orientalischen Kleidungsformen in Republikszeiten auf Anordnung Mustafa Kemal Atatürks 1925 große Einsprüche vonseiten der Bevölkerung erhoben wurden. Das türkische Volk sollte sich von diesem Zeitpunkt an im äußeren Erscheinungsbild an europäische Völker anpassen. Mit diesen Maßnahmen war der Übergang von einem theokratisch regierten Staat zu einem laizistisch-demokratischen Staat auch im Bereich der Kultur gelegt.

Die Kleidungsreform machte aber nicht bei der Armee halt sondern erstreckte sich 1829 auch auf die Zivilbevölkerung: Mit dieser Reform war das Tragen von Turban und Robe nunmehr der Ulema vorbehalten. Bei der Entscheidung Sultan Mahmuds II. für den Fez als Kopfbedeckung sollte das äußerliche Unterscheidungsmerkmal zwischen Muslimen und Nichtmuslimen im Osmanischen Reich beseitigt werden, der Fez sollte als Kopfbedeckung für alle eingesetzt werden. Somit ersetzte der Fez obligatorisch alle anderen Formen von Kopfbedeckung, sämtliche andere traditionelle Bekleidung wie Kaftan und Schuhwerk wichen dem Gehrock, Hosen und schwarzen Lederschuhen. Die Kleidung hatte seit jeher den Sinn zu verdeutlichen, welcher gesellschaftlichen Schicht und welcher Religion jemand angehörte. Damit wiederum war ein anderer Problemkreis entstanden: Der Muslim wollte sich nicht so kleiden wie der Christ oder der Jude, dem es ebenso untersagt war, sich wie ein Muslim zu kleiden. Solcherart war es nicht einfach, dem einfachen türkischen Soldaten die neuen Uniformen, die in der Art Europas angefertigt waren, angenehm zu machen, da sie für diesen das Stigma des Ungläubigen, von Minderwertigkeit trug.

Der Turban, der nur auf zwei Karten der Mittelmächte und ansonsten auf Karten der Entente in der gegenständlichen Sammlung zu finden ist, ist in seiner türkischen Variante zweigeteilt: Der türkische Kavuk war ein wollenes Gestell von verschiedener Dicke, um das ein Tuch, der sogenannte Sarık gewickelt wurde und war, wie bereits erwähnt, mit der Kleidungsreform durch Sultan Mahmud II. der Bevölkerung als Kopftracht vorenthalten und nur für die Ulema bestimmt.

Betrachtet man die Postkarten, auf denen als Kopfbedeckung der Fez verwendet wird, und solche, auf denen ein Turban dargestellt wird, ergibt sich unwiderruflich in ersterem Fall der Eindruck der Modernität des Osmanischen Reiches, in letzterem Fall das Bild einer alten, maroden und dahinsiechenden Türkei, da das Tragen eines Turbans immer mit dem Tragen von orientalischen Gewändern und ältlichen Männern zusammenhängt.

Eine beliebte Beigabe zu den türkischen Fahnen ist der Halbmond am Fahnenmast, er unterstreicht die Bedeutung der türkischen Fahne ebenso wie der Rossschweif. Diese Attribute kommen vorwiegend im sehr stereotypen Bereich der Vexillologie vor und haben schmückenden Charakter. Der allein stehende Halbmond als Symbol für die Türken, der seit jeher großen Symbolwert hatte, ist interessanterweise kaum auf den Postkarten vorhanden. Auf die traditionelle muslimische Kleidung sowie Rauchwaren, Turban und Vollbart wird vor allem auf den Ententekarten zurückgegriffen, die ihr altes Türkenbild aus dem 19. Jahrhundert beibehalten.

Der *Kılıç*, der türkische Krummsäbel, ist in seinem Symbolwert mit dem deutschen Schwert vergleichbar. Natürlich wurde auch er nicht in diesem ersten Massenvernichtungskampf eingesetzt und soll wohl eher die streitbare Kraft des Osmanischen Reichs in historischem Rückblick symbolisieren. Auf die Einsetzung des *Kılıç* als symbolische Waffe wird eher im Kontext der Darstellung von Kindersoldaten zurückgegriffen, bzw. wird er gerne mit dem Turban und der *Nargile* kombiniert, was auf ein altes Türkenbild rückschließen lässt, das weiterhin Einsatz fand. In der historisierenden Karte 027 aus dem Verlag M. Munk wird der *Kılıç* zusammen mit dem *Kalkan*, dem Rundschild, abgebildet.

Das Attribut der Rauchwaren lässt sich wohl mit dem Beziehen von Tabak aus dem Osmanischen Reich seit dem frühen 17. Jahrhundert erklären.

Türken mit einer Krummnase werden überwiegend auf Karten der Alliierten karikiert. Möglicherweise handelt es sich hierbei um eine Anspielung auf den 1908 gestürzten Sultan Abdülhamid II., der eine große Nase hatte.

6.2 Fehlerquellen aus islamwissenschaftlicher Perspektive

Fehler resultieren zum einen aus der Unkenntnis zur Religion des Islam, zum anderen wird auf historische Ereignisse angespielt, die sich zum Teil gegen die Türken richteten und diese damit eigentlich ausgegrenzt werden.

Auf manchen Kriegspostkarten gibt es Motive, die aus islamwissenschaftlicher Perspektive grobe Verstöße dem türkischen Waffenbruder gegenüber darstellen. Diese finden sich vor allem auf Karten mit religiösem Bezug, also vorwiegend in Kategorie 10, Glückwunschkarten zu religiösen Anlässen. Unwissentlich machen die ausführenden Künstler Fehler, da sie den anderen Kulturkreis nicht mit einbedenken bzw. über zu wenig Wissen verfügen. Schließlich geht es bei ihnen um ein Bild der Zusammengehörigkeit um jeden Preis, auch wenn das bedeutet, dass ein Osterei in den Farben der türkischen Flagge mit auf die Postkarte muss, obzwar der Muslim kein Osterfest kennt.

In dieser Hinsicht passieren also Fehler, die gewiss bei näherer Überlegung unterlassen hätten werden können. Anderseits ist natürlich nicht aus den Augen zu verlieren, dass die Kriegspostkarten für ein österreichisches resp. deutsches Publikum bestimmt waren und wohl nicht im Osmanischen Reich als solche vertrieben worden sind. Dort wurde vor allem Propaganda im Postkartenformat für Österreich-Ungarn und für dessen wichtige offizielle Vertreter betrieben. Des Weiteren ist zu bedenken, dass der Propagandaträger „Kriegspostkarte" für die breite Masse bestimmt war und diese ansprechen musste, da der Kunde durch den Kauf einer Karte bestimmte, was produziert wurde.

Der gröbste Fehlgriff im untersuchten Konvolut ist wohl Karte 034, die – in Anspielung auf den Feldzug nach Belgrad – auf die historische Figur von Prinz Eugen von Savoyen und die historische Schlacht um Belgrad 1717 gegen die Osmanen, die Prinz Eugen für die Kaiserlichen entscheiden konnte, Bezug nimmt. Der Anlass für die Karte war der österreichische Zug gegen Belgrad im Jahr 1914. Der ausführende Kriegsmaler Ludwig Koch, der auf ein Bild zurückgreift, das er nachträglich zusätzlich mit der Figur des Prinzen ausstattete, um historische Reminiszenzen unter den Betrachtern hervorzurufen, war sich wohl nicht bewusst, dass die Karte durch diese Assoziation mit Prinz Eugen auch antitürkisch wirkte. Um Gerechtigkeit walten zu lassen, muss hinzugefügt werden, dass es kein vordergründiges türkisches Attribut auf jener Karte gibt.

Dass die historische Schlacht des Prinzen Eugen um Belgrad allerdings noch im kollektiven Gedächtnis verhaftet war, beweist das von Hugo von Hofmannsthal zu Ehren des „edlen Ritters" verfasste, reich illustrierte Buch, in dem er schreibt: *„Dies war das Jahr 1683, eines der dunkelsten und schicksalvollsten in Österreichs Geschichte, wie kein so dunkles und schicksalvolles wiedergekommen ist bis 1914."* [24] Allerdings irrt sich Hofmannsthal bei der Jahreszahl, er verlagert die Schlacht

---

24 Hofmannsthal 1915, ohne Seitenzahlen.

Prinz Eugens direkt in die Zeit der Zweiten Wiener Türkenbelagerung. Im Ersten Weltkrieg wurde gerne auf diesen erfolgreichen Heeresführer Österreichs zurückgegriffen sowie ein Bezug auf die Napoleonischen Kriege hergestellt, wo Österreich erfolgreich auf der Seite Preußens gekämpft hatte.

Die Eroberung Belgrads im Dezember 1914 war als Thema medial sehr präsent. In der Tagespresse findet man dazu ausführliche Reflexe: Die Wiener Zeitung vom 5. Dezember 1914 berichtet von einem Glückwunschtelegramm aus Istanbul und Artikel in türkischen Tageszeitungen, in denen die Freude der Osmanen zum Ausdruck kommt, dass diese wichtige Stadt gefallen sei und den politischen Agitationen der Serben ein Ende gesetzt wäre.

Ein weiterer indirekter Fehlgriff war der während des Ersten Weltkriegs viel propagierte Begriff der „Nibelungentreue", der vom deutschen Reichskanzler von Bülow 1909 geprägt wurde, als sich die Krise um Bosnien-Herzegowina, das dem Osmanischen Reich zugehörig gewesen und von Österreich-Ungarn annektiert worden war, gerade legte. Insofern fand ein Begriff, der eigentlich geschaffen wurde, um Österreich-Ungarn in seiner gegen das Osmanische Reich gerichteten Politik zu unterstützen, eine weitere Bedeutungsebene. Nun ist auch der Waffenbruder Türkei mit von der Partie. Karte 027 zeigt die Waffenbrüder in Rüstungen, die wohl auf die Nibelungenzeit anspielen sollen.

Luther-Sprüche – wie z. B. „Eine feste Burg ist unser Gott" auf Karte 444 – sind eine weitere Taktlosigkeit gegenüber dem muslimischen Bundesbruder, wenn man in Betracht zieht, wie viele Traktate Martin Luther gegen die Türken verfasst hatte.

An und für sich war das Einsetzen religiöser Schlagworte während des Ersten Weltkrieges aufseiten der Mittelmächte und ihrer Verbündeten kein besonders günstig gewähltes Motiv, da es innerhalb des Bündnisses zu einem Konglomerat von vier religiösen Ausrichtungen kam, dem es gerecht zu werden galt: dem katholischen Österreich-Ungarn, dem protestantischen Deutschland, dem orthodoxen Bulgarien und dem sunnitisch-muslimischen Osmanischen Reich. Aus diesem Grund waren religiös konnotierte Schlagwörter praktisch unmöglich, begegnen jedoch trotzdem immer wieder auf den hier untersuchten Postkarten. Die Ententemächte erbrachten ihrerseits das Argument, Deutschlands Bündnis mit der Türkei sei ein Zeichen der Gleichgültigkeit der christlichen Sache gegenüber.

Durch die Benutzung des Wortes Gott bzw. religiöser Motive wird eine Überhöhung des Krieges zu einer göttlichen Sache angestrebt. Somit werden die eigenen kriegerischen Aktionen als gottgeweiht und gottgewollt legitimiert. In der Regel wird die Religion zur Legitimation des Kriegs benützt, überhaupt ist während des Ersten Weltkrigs des Öfteren von einem „Heiligen Krieg" die Rede. Dies lässt sich in der vorliegenden Sammlung nicht nur textlich belegen, sondern auch in Darstellungsweisen: Auf Karte 043 sieht Gott höchstpersönlich dem Kriegstreiben zu und schützt die verbündeten Soldaten gegen die als Ungeheuer dargestellten Ententemächte. Zu einem gewissen Grad ist eine Vermischung von Religion und Patriotismus feststellbar.

Der durch Gott gerechtfertigte Krieg ist etwas, was dem Islam nicht fremd ist. Wie im Christentum gibt es den Heiligen Krieg, den Dschihad, was jedoch gerade auf Karte 043 für den Muslim befremdlich ist, ist die personifizierte Darstellung Gottes. Diesbezüglich herrscht im Islam ein Verbot, das sich streng genommen überhaupt auf die bildliche Darstellung von Personen erstreckt.

Einen interessanten Fall, wie das Wort Gott in den Text integriert und außerdem die Rechtfertigung des Krieges als gottgewollte Sache gekonnt propagandistisch verwertet wird, stellt Karte 182 dar: Es handelt sich hierbei formal gesehen um ein Akrostichon zu „Gott". Der Text lautet: „Wer wird siegen", Antwort: „Gott", wobei „G" für Germanien, „O" für „Österreich" und „T" schließlich für die Türkei steht.

Was die Einsetzung von Engeln anbelangt, ist vom islamwissenschaftlichen Standpunkt nichts einzuwenden, da auch der Islam Engel kennt. Allerdings werden diese nicht abgebildet.

Im Islam gibt es jedoch weder Weihnachts-, noch Oster- oder Pfingstfest. Hier handelt es sich um rein christliche Feste. Es finden sich in der vorliegenden Sammlung Karten, die auf Glückwunschkarten türkische Attribute – zumeist in Form einer Fahne – hinzufügen. So entstehen dann Christbäume, die mit türkischen Fahnen geschmückt sind (Karten 038 und 397) und Osterkarten, die „türkische" Ostereier zieren.

Eine andere Fehlerquelle stellt die Abbildung biertrinkender muslimischer Soldaten dar, so auf Karte 153 und 364 der Fall. Hier liegt ein klarer Fehltritt vor: Im Islam ist verboten, was berauscht, in welcher Form und unter welchem Namen auch immer. Der Generalausdruck für den Alkohol lautet im Arabischen *ḥamr*. Dabei ist unwesentlich, in welchen Mengen der Alkohol vorkommt, er ist immer verboten. Zudem ist es dem gläubigen Muslim verboten, mit Alkohol Handel zu treiben, oder an einem Ort zu arbeiten oder diesen zu besitzen, wo Alkohol verkauft wird. Desgleichen darf ein Muslim keinen Alkohol verschenken. Der Koran geht mehrere Male auf den Alkoholgenuss ein, bindend für die Muslime ist das Verbot in Sure V, 90–91.

Besonders unbedacht in der Ausführung ist die leider nicht signierte Karte 048, die vier Hunde abbildet. Der türkische Hund ist an seinem Fez zu erkennen. In der Welt des Islam gilt der Hund als unrein und wird gemieden, im religiösen Sinn ist alles, was ein Hund berührt oder abschleckt, verunreinigt, und muss mit klarem Wasser gereinigt werden. Zu all dem kommt noch hinzu, dass die Hunde auf der Karte Champagner trinken.

Die dem gegenüberzustellende Karte 009 mit Katzenmotivik hätte gemäß dem muslimischen Volksglauben eine wesentlich bessere Stellung, da die Katze als reines Tier gilt und laut volkstümlichen Erzählungen die Katze das Lieblingstier des Propheten Muhammad gewesen sein soll. Der Tradition zufolge soll der Prophet eine Katze gestreichelt haben, nachdem sie ihn vor einer hinterhältigen Schlange gerettet hatte. Aus diesem Grund fänden sich auf der Stirn fast jeder Katze vier dunkle Streifen, die der Prophet hinterlassen habe, als er besagte Katze streichelte.

Abschließend sei darauf hingewiesen, dass diese drei Karten, die Alkohol zum Inhalt haben, von privaten Verlagen erzeugt wurden, also nicht von einer offiziellen Stelle in Auftrag gegeben worden waren. Aus dem untersuchten Material lässt sich nicht schließen, ob österreichisch-ungarische Karten sich dem Islam gegenüber sensibler verhielten, da man durch die Bosniaken mehr Erfahrung im direkten Umgang mit Muslimen hatte.

6.3 Arabica/Turcica

Abgesehen von den Karten 023 und 250, die Karten des Roten Halbmonds sind und deswegen natürlich osmanische Aufschrift haben sowie Karte 315, die in arabischer Schrift und arabischer Sprache die Namen der drei Monarchen wiedergibt – sind insgesamt vier Karten in der Sammlung vorhanden, die aus deutschen resp. österreichischen Verlagen stammen und arabische Schrift in den Bildkontext integriert haben bzw. auf einen islamischen Glaubenstext Bezug nehmen.

Karte 185 stellt mit einem in die Kategorie 1 (Vexillologie) fallenden „Allah il Allah" eine stark verballhornte Version des muslimischen Glaubensbekenntnisses *[ašhadu 'an] lā ilāha illā llāh [wa-Muhammad rasūlu llāh]* (Ich bekenne, dass es keine Gottheit gibt außer Gott (= Allah) [und Muhammad der Gesandte Gottes ist]) unter die türkische Fahne.

Karte 245, ursprünglich eine Sammelkarte im Gloria-Viktoria-Album, weist zwei Fahnen mit arabischen Inschriften auf, die rechte ist jedoch nicht lesbar. Die linke Fahne hat folgenden Inhalt (transkribiert nach dem Osmanischen) *„ᶜOṣmānlı ittihād ve terakkī cemᶜīyeti"*, was ins Deutsche übertragen „Osmanische Gesellschaft für Einheit und Fortschritt" – das ist die Gesellschaft der Jungtürken – bedeutet. Bei dieser Karte handelt es sich eigentlich um eine fotografische Aufnahme, die im Nachhinein koloriert wurde.

Karte 424, die die drei verbündeten Herrscher Wilhelm II., Franz Joseph und Mehmed Reschad V. darstellt, trägt auf der rechten unteren Seite die arabische Inschrift *muḫālafatun šarīfatun,* was soviel heißt wie „erhabenes Bündnis". Der sich links unten auf der Karte befindliche deutsche Wahlspruch „In Treue fest" ist also nicht bedeutungsgleich mit dem arabischen Text. Neben der Inschrift ist noch die Jahreszahl 1914–1915 in arabischen Buchstaben verzeichnet, direkt darunter, kleiner geschrieben – und eindeutig lesbar – noch die Jahreszahl anno Hidschrae: 1244–1245. Dies ist sehr verwunderlich, da 1244–1245 a. H. den Jahren 1828/1829 entsprechen. Das Jahr 1914/15 wäre dem islamischen Kalender zufolge 1333/1334 gewesen. Dieser Fehler ist mir nicht erklärbar, da der arabische Text an und für sich korrekt widergegeben ist, warum gerade bei der Jahresangabe so ein eklatantes Missgeschick geschehen konnte, muss anheimgestellt bleiben.

Eine Besonderheit im Sinn der Schreibung in arabischer Schrift stellt Karte 402 dar: Am linken Rand findet oberhalb der deutschsprachigen Entsprechung „Kreuzer Midili" eine sehr eigentümliche Schreibweise, die das deutsche Lemma „Kreuzer" einfach nur ins Arabische transkribiert und dabei sämtliche Vokale mit darstellt. Daraus lässt sich schließen, dass der Schriftzug nicht von einem Osmanen stammt, sondern von einer europäischen und dabei relativ unkundigen Hand.

Als letzte Karte mit einer arabischen Inschrift ist in dem untersuchten Konvolut noch Karte 468 vorhanden. Diese besonders kunstvoll angefertigte Karte von Julius Hirth, die in G. Hirth's Verlag München herausgegeben wurde, hat als Erklärung zu dem bildlichen Kontext *„Der Islam rührt sich"* zu verzeichnen. Unter einer Grabplatte erhebt sich ein halb nackter Mann mit Turban, der diese hochstemmt und damit einen Engländer umwirft, der eine Peitsche in der Hand hält, wohl Symbol für die britische Kolonialisierung des muslimischen Orients.

Auf der Grabplatte findet sich eine arabischsprachige Inschrift, die übersetzt lautet: *„Ich verfolge meine Feinde, bis ich sie erreiche, und kehre erst zurück, wenn ich sie vernichtet habe. Ich reibe sie auf, sodass sie nicht mehr aufstehen können und unter meine Füße herabfallen."* [25] Auf dieser Karte werden auf jeden Fall die deutschen Bemühungen, einen Heiligen Krieg im Orient zu entfachen, und diesen auch zu propagieren, ersichtlich.

6.4 Alte Stereotype

Abgesehen von den Ententekarten, die das Bild des alten kranken Mannes weiterzeichnen, findet sich nur ein altes Stereotyp innerhalb der gegenständlichen Sammlung auf den Karten der Mittelmächte: das der lasziv-erotischen orientalischen Frau auf Karte 022. Darauf ist die muslimische Dame mit dem tiefsten Dekolleté ausgestattet und bei Weitem erotischer als ihr deutsches und österreichisch-ungarisches Pendant.

Dadurch, dass es keine Darstellungen des Harems aus orientalischer Sicht gab, machte man sich in Europa ein eigenes Bild den Orient betreffend. Schon Anfang des 20. Jahrhunderts war die Polygamie im Osmanischen Reich sowie das Recht, die Ehefrau zu verstoßen, abgeschafft worden und die Harems wurden aufgelassen.

Das Leben der Frau im Osmanischen Reich gestaltete sich ganz anders, als man sich das in Europa vorstellte. Erste Reformbestrebungen die Stellung der Frau anbelangend gab es während der Tanzimat-Zeit. Insbesondere Şemseddin

---

25 Arabisch: *'attabiʿu aʿdaʾī fa-udrikuhum wa-lā arğaʿu ḥattā ufniyahum ashaquhum fa-lā yastaṭīʿūna l-qiyāma fa-yasquṭūna taḥta riğlayya.*

Sami Fraşeri (1850–1904) ist hervorzuheben, der zu jener Zeit einer der wichtigsten Kämpfer für eine Verwestlichung des Osmanischen Reiches war. Dieser versuchte klar zu stellen, dass die neuen sozialen Rechte und Freiheiten der Frauen sich nicht gegen den Islam richteten, sondern aus dem Islam heraus interpretiert waren. Şemseddin Sami veröffentlichte seine Ansichten zur Lage der Frau in seinem 1893/4 in Istanbul erschienenen berühmten Werk „Kadınlar [Die Frauen]". Sami argumentierte, dass Frauen und Männer gleichermaßen intelligent seien. Frauen seien im Vergleich zu Männern zurückgeblieben, weil sie bildungsmäßig immer vernachlässigt worden waren. Aus diesem Grund sei die Bildung der Frauen die erste Aufgabe einer Zivilisation. Im Normalfall wurde die Frau bis zur Tanzimat-Ära nicht unterrichtet, außer in den Künsten der Handarbeit. Wenn eine Frau unterrichtet wurde, dann von einem Mitglied ihrer Familie, meist dem Vater oder Großvater. In der islamischen Geschichte gibt es einige hochgebildete Frauen, die sich in *Ḥadīṯ*, *Tafsīr* und *Fiqh* auskannten, sowie Dichterinnen bzw. Bauherrinnen waren. Sie stammten jedoch vorwiegend aus Elitefamilien.

Die Emanzipation der Frauen war während der Regierungszeit der Jungtürken und der Partei für Einheit und Fortschritt intensiv vorangetrieben worden, wegweisend war in dieser Hinsicht Ziya Gökalp (1875/76–1924), der in den Reformarbeiten rechtliche Grundlagen dafür schuf, dass die Frauen den Männern gleichgestellt wurden, da er die Reformen in Bezug auf die Frauen als eine der dringlichsten Notwendigkeiten auffasste, und soziale und wirtschaftliche Reformen sowie Reformen im Bildungswesen veranlasste, die es den Frauen ermöglichten, ihren Platz in der Gesellschaft einzunehmen. Sie legten den Schleier ab und kleideten sich westlich, noch bevor ein solches Dekret erlassen worden war. Des Weiteren wurden Verbände in größeren Städten geschaffen, die sich um die Rechte der Frauen bemühten. Die Frauen waren zu diesem Zeitpunkt aber noch weit davon entfernt, die gleichen Rechte wie Männer zugestanden zu bekommen: Sie konnten sich nicht an öffentlichen Plätzen wie Theater oder Restaurants aufhalten, an denen es auch Männer gab, der Unterricht erfolgte geschlechtergetrennt, es war nicht gestattet, öffentlich zu rauchen, etc. Insbesondere am Land hatte sich kein Wandel für die Frauen ergeben, die genauso wie die Jahrhunderte zuvor an den Willen ihrer Männer gebunden waren. Die Reformen und Ansichten von Ziya Gökalp wurden während des Ersten Weltkriegs und in der Zeit danach aufgrund der sich in diesem Zeitraum ergebenden sozialen Änderungen gefestigt. Die vollkommene Emanzipation der Frauen fand dann in den ersten Jahren der jungen Republik Türkei statt. Erste Ansätze fanden sich bereits im Familiengesetz von 1917, an dessen Schaffung Ziya Gökalp maßgeblich beteiligt war. Mit diesem Gesetz war die Verheiratung kein religiöser Akt mehr. Den Frauen wurde das Recht zugestanden, auf Monogamie in ihrer Ehe zu bestehen, Polygamie war aber nicht ausdrücklich verboten.

7 Schlussbetrachtungen

Eine Rivalität Österreich-Ungarns mit Deutschland im Osmanischen Reich, die sich mittels des Aktenmaterials im Österreichischen Staatsarchiv belegen lässt, kann anhand des untersuchten Postkartenmaterials aus den verschiedenen offiziellen, offiziösen und privaten Verlagen nicht festgestellt werden, ebenso wie man nicht sagen kann, dass die österreichischen Karten subtiler auf den türkischen Waffenbruder eingegangen wären.

Als Resümee lässt sich nach 472 untersuchten Karten festhalten, dass dieses Propagandamedium offensichtlich bemüht war, mit dem alten Türkenbild zu brechen, indem es möglichst keine der alten Vorstellungen übertrug. Bei den Karten handelt es sich um Produkte, die von Mitteleuropäern für ein mitteleuropäisches, deutschsprachiges Zielpublikum erzeugt wurden. Es lassen sich demzufolge kaum Karten finden, die den Orient resp. das Osmanische Reich wirklich mit einbeziehen. Eine Großzahl der Karten ist zu stereotyp, um wirklich Aufschluss über die damals gängige Meinung bezüglich des Bündnispartners zu geben, der Türkeikontext erfolgte im Gros der Fälle nur über die hinzugefügten spezifizierenden Attribute. Der Bildungsstand der ausführenden Grafiker im Bereich der privaten Verlagshäuser kann im Nachhinein nicht mehr festgestellt werden. Zählen muss in diesem Kontext der gute Wille, den türkischen Waffenbruder – in welcher Form auch immer – auf der Kriegspostkarte zu verewigen. Und immerhin wurden diese Karten, was für die Produktion der wirtschaftlich orientierten Verlage natürlich ein ausschlaggebendes Moment für weitere Produktionen in diese Richtung war, käuflich erworben, verschickt sowie als Bestandteil von Kriegssammlungen angeschafft, wie die Sammlungen der Österreichischen Nationalbibliothek und des Heeresgeschichtlichen Museums belegen können.

Im Fall jener Karten, die aufgrund von Vorlagen von Kriegsmalern und Kriegsfotografen in den offiziösen Kanälen produziert wurden, ist davon auszugehen, dass man in der Anfertigung von Szenen von der Front Aufklärungsarbeit an der Bevölkerung leisten wollte.

Sieht man die Kriegspostkarte allerdings als Teil eines größeren Mosaiks, das sich um die Verbesserung des Türkenbilds bemühte, ändert sich die Lage. In diesem Kontext ist noch einmal zu betonen, dass der Postkarte keine kriegsentscheidende Funktion zukam, sie allerdings immerhin – zusammen mit anderen Sammelgegenständen und Devotionalien wie beispielsweise Ansteckknöpfen, Vivatbändern, Keramik- und Porzellangegenständen, Streichholzschachteln u. v. m. – Trends setzen konnten, was noch durch kriegsbegeisternde Literatur, Gedichte, Zeitungsartikeln, Bücher etc. verstärkt wurde. In diesem Bereich einer Legitimisierung des türkischen Bündnispartners hat jene Postkarte, die sich mit dieser Thematik auseinandersetzte, sicherlich ihren Beitrag leisten können.

Dass das Türkenbild als solches sich während der Kriegsjahre in ein positives wandelte, mag gelungen sein, wenn man Ernst Petritsch Glauben schenken darf, der zumindest für den amtlichen Bereich Österreichs nach 1918 vermerkt, dass immer mit Hochachtung vom türkischen Bündnispartner gesprochen wurde.[26]

---

26 Petritsch 1982, S. 203.

Bibliografie

Nachschlagewerke

EI² (1960–2002): The Encyclopedia of Islam. New Edition. Bd. I–XI. Leiden.

Enzyklopädie Erster Weltkrieg (2003): Enzyklopädie Erster Weltkrieg. Herausgegeben von Gerhard Hirschfeld, Gerd Krumeich, Irina Renz. Paderborn u. a.

FUCHS, Heinrich: (= Fuchs 1881–1900) (1976–1977): Die österreichischen Maler der Geburtsgänge 1881–1900. Bd. 1–2. Wien.

FUCHS, Heinrich: (= Fuchs 19. Jh.) (1972–1974): Die österreichischen Maler des 19. Jahrhunderts. Bd. 1–4. Wien. Bd. 2 Nachdruck 1998.

FUCHS, Heinrich: (= Fuchs 19. Jh., Erg.Bd.) (1978–1979): Die österreichischen Maler des 19. Jahrhunderts. Ergänzungsbd. 1–2. Wien.

FUCHS, Heinrich: (= Fuchs 20. Jh.) (1985–1986): Die österreichischen Maler des 20. Jahrhunderts. Bd. 1–4.

FUCHS, Heinrich: (= Fuchs 20. Jh., Erg. Bd.) (1991–1992): Die österreichischen Maler des 20. Jahrhunderts. Ergänzungsbd. 1–2.

HdA (1987): Handbuch des deutschen Aberglaubens. Herausgegeben von Hanns Bächtold-Stäubli. Berlin-New York 1987, Bd. 4.

IA (1993): İslâm Ansiklopedisi. [Enzyklopädie des Islam]. 13. Bde. Istanbul.

Knaurs Lexikon der Symbole (2000), hg. von Prof. Dr. Hans Biedermann.

KREISER, Klaus / WIELAND, Rotraud (Hg.) (1992): Lexikon der Islamischen Welt. Stuttgart.

GOLDSTEIN, Franz (²1999): Monogrammlexikon 1. Internationales Verzeichnis der Monogramme bildender Künstler seit 1850. 2 Bde. Berlin / New York.

Schlagwörter und Schlachtrufe (2002): Schlagwörter und Schlachtrufe. Aus zwei Jahrhunderten deutscher Geschichte. Herausgegeben von Kurt Pätzold und Manfred Weißbecker. 2 Bde. Leipzig.

TDVIA (1988–) : Türkiye Diyanet Vakfı İslam Ansiklopedisi Bd. 1 – . Istanbul.

THIEME, Ulrich / BECKER, Felix (1907–1950): Allgemeines Lexikon der bildenden Künstler. Von der Antike bis zur Gegenwart. 37 Bde. Leipzig.

VOLLMER, Hans (o. J.) [1979–1982]: Allgemeines Lexikon der Bildenden Künste des XX. Jahrhunderts. 6 Bde. Leipzig.

Primärquellen

CZERNIN, Ottokar (²1919): Im Weltkriege. Berlin/Wien.

Forschungsinstitut für Osten und Orient (1919): Das Forschungsinstitut für Osten und Orient. Wien.

Der Orient (1918): Der Orient. Illustrierte Monatszeitschrift für Politik, Wirtschaft u. Kultur. Herausgegeben von Nasr Farid. Heft 1–5, 1. Jg. Wien.

Die k. und k. Konsular-Akademie von 1754 bis 1904 (1904): Die k. und k. Konsular-Akademie von 1754 bis 1904. Festschrift zur Feier des hundertfünfzigjährigen Bestandes der Akademie und der Eröffnung ihres neuen Gebäudes. Wien.

Die Türkei im Weltkrieg (1916): Die Türkei im Weltkrieg. Bildnisse und Skizzen von Wilh. Victor Krausz. Herausgegeben durch das Kriegsfürsorgeamt des k. u. k. Kriegsministeriums. Wien.

Die Zentralmächte im Weltkrieg 1914–1918 (1919): Herausgegeben von der Gesellschaft vom Silbernen Kreuz zur Fürsorge für heimkehrende Soldaten und Invaliden. Wien.

Gloria-Viktoria-Album (o. J.): Der Völkerkrieg in Wort und Bild nach Daten geordnet. Ein Postkarten-Sammelwerk. Herausgegeben vom Kriegsfürsorgeamt des k. und k. Kriegsministeriums. Wien.

Großer Bilderatlas des Weltkrieges (1915): Großer Bilderatlas des Weltkrieges. Erster Band mit 1600 Abbildungen, Bildnissen, Karten und Urkunden. München.

GROTHE, Hugo (1916): „Deutsche Bildungsarbeit zur Kunde des Orients." In: Beiträge zur Kenntnis des Orients. Jahrbuch der Deutschen Vorderasiengesellschaft; Bd. 9. Halle a.d.S., S. 162–172.

GÜNTHER, Otto (o. J.) [1918]: „Türktsche bilirmisiniz? Verstehen Sie Türkisch? Etwas über die Erlernung der türkischen Sprache." In: Unsere türkischen Freunde. Chemnitz, S. 11–15.

HOFMANNSTHAL, Hugo von (1915): Prinz Eugen der edle Ritter. Sein Leben in Bildern. Erzählt von Hugo von Hofmannsthal. 12 Original-Lithographien von Franz Wacik. Wien.

JÄCKH, Ernst (1915): Der deutsche Krieg: Vierundzwanzigstes Heft: Die deutsch-türkische Waffenbrüderschaft. Stuttgart/Berlin.

Katalog der Ausstellung türkischer Maler (1918): Katalog der Ausstellung türkischer Maler veranstaltet vom Osmanischen Kriegspressequartier in den verbündeten Ländern. Zu Gunsten des Roten Kreuzes und Roten Halbmondes. Wien.

KOBALD, Karl (³1916): „Österreichische Kunst im Dienste der Kriegsfürsorge". In: Kriegsalmanach 1914–1916. Herausgegeben vom Kriegs-Hilfsbüro des kais. königl. Ministeriums des Inneren. Wien, S. 117–138.

KRALIK, Richard v. (1919): „Unsere Kultur und unser Krieg." In: Die Zentralmächte im Weltkrieg. Herausgeben von der Gesellschaft vom Silbernen Kreuz zur Fürsorge für heimkehrende Soldaten und Invaliden. Wien, S. 160–172.

Kriegs-Stammbuch der Stadt Wien (o. J.): Kriegs Stammbuch der Stadt Wien. Herausgegeben von der Gemeinde Wien. Wien und Leipzig.

Marine-Schauspiele 1917 (1917): Marine-Schauspiele 1917. Herausgegeben vom k. u. k. Kriegsfürsorgeamt. Wien.

MARSIGLI, Luigi Ferdinando (1972): Stato Militare dell' Imperio Ottomano. Einführung Manfred Kramer. Graz. Nachdruck der Ausgabe Den Haag-Amsterdam 1732.

MUSIL, Alois (1914): „Die Türkei und der Europäische Krieg". In: Österreichische Monatsschrift für den Orient 14, 40. Jahrgang (Wien), S. 187–194.

NEUREITER, Ferdinand (1917): „Die k.k. Österreichische Orient- und Übersee-Gesellschaft." In: Österreichische Monatsschrift für den Orient. Herausgegeben von der k.k. österreichischen Orient- und Überseegesellschaft. 43. Jg., Heft Juli, August, September (Wien), S. 193–199.

Offizieller Katalog der Kriegsausstellung Wien 1916 (1916): Offizieller Katalog der Kriegsausstellung Wien 1916. Herausgegeben vom Arbeits-Ausschuß. Wien.

Österreichische Monatsschrift für den Orient (1917): Österreichische Monatsschrift für den Orient. Herausgegeben von der k.k. österreichischen Orient- und Überseegesellschaft. 43. Jg. Wien.

Österreichische Monatsschrift für den Orient (1918): Österreichische Monatsschrift für den Orient. Herausgegeben von der k.k. österreichischen Orient- und Überseegesellschaft. 44. Jg. Wien 1918, Heft 1, 2, 3.

POMIANKOWSKI, Joseph (1928): Der Zusammenbruch des Ottomanischen Reiches. Erinnerungen an die Türkei aus der Zeit des Weltkrieges. Zürich/Leipzig/Wien.

Rechenschaftsbericht Kriegshilfsbüro 1917 (1917): Rechenschaftsbericht des Kriegshilfsbüro des k. k. Ministeriums des Inneren vom August 1914 bis 31. Januar 1917 für die Familien der Einberufenen und für Jugendfürsorge. Wien.

SCHÄFER, Richard (1915): Der Deutsche Krieg, die Türkei, Islam und Christentum. Leipzig.

STEIN, Hermann von (1919): Erlebnisse und Betrachtungen aus der Zeit des Weltkrieges. Leipzig.

STROBL, Karl Hans (1944): Die Weltgeschichte und das Igelhaus. Vom Nachmittag des Lebens. Der Erinnerungen III. Band. Budweis / Leipzig.

Türkische Jugend in Deutschland (1918): Türkische Jugend in Deutschland. Jahresbericht der Deutsch-Türkischen Vereinigung. Berlin.

Verzeichnis der offiziellen Kriegserinnerungsgegenstände (o. J.): Verzeichnis der offiziellen Kriegs-erinnerungsgegenstände zugunsten des Roten Kreuzes, des Kriegs-Hilfs-Büros und des Kriegs-Fürsorgeamtes. Herausgegeben vom Kriegs-Hilfs-Büro des k. k. Ministerium des Inneren. Wien.

WEBER, Ottocar (1916): „Die auswärtige Politik Österreich-Ungarns". In: Deutschland und der Weltkrieg. Herausgegeben von Otto Hinze u. a. Berlin, S. 263–284.

Sekundärliteratur

ADANIR, Fikret (1991): „Wandlungen des deutschen Türkeibildes in der ersten Hälfte des 20. Jahrhunderts." In: Zeitschrift für Türkeistudien 2 (Essen), S. 195–211.

ADANIR, Fikret (1997): „Der Zerfall des Osmanischen Reiches". In: Das Ende der Weltreiche. Von den Persern bis zur Sowjetunion. Herausgegeben von Alexander Demandt. München, S. 108–128.

AHMED, Leila (1992): Women and Gender in Islam. Historical Roots of a Modern Debate. Yale.

ALLPORT, Gordon W. (1971): Die Natur des Vorurteils. Köln.

AMANN, Klaus und LENGAUER, Hubert (Hg.) (1989): Österreich und der große Krieg 1914–1918. Die andere Seite der Geschichte. Wien.

Aus dem Postkartenverlag Brüder Kohn (1994): Aus dem Postkartenverlag Brüder Kohn. Wiener Persönlichkeiten um 1900. 186. Sonderausstellung des Historischen Museums der Stadt Wien im Otto-Wagner-Pavillon, Karlsplatz, Wien. 1. April bis 31. Oktober 1994. Wien.

BABUNA, Aydın (1996): Die nationale Entwicklung der bosnischen Muslime. Mit besonderer Berücksichtigung der österreichisch-ungarischen Periode. (= Europäische Hochschulschriften; Reihe XXXI Politikwissenschaften; Bd. 294). Frankfurt a. M. u. a.

BAUER, Karl Johannes (1984): Alois Musil. Theologe, Forscher, Gelehrter und Stammesscheich. Eine Aufstellung seines Lebens im Dienste der österreichischen Forschung und der Verbindung der Monarchie mit dem türkisch-arabischen Orient. Diss., Wien.

BERNARD, Veronika (1996): Österreicher im Orient. Eine Bestandsaufnahme österreichischer Reiseliteratur im 19. Jahrhundert. (= Literaturhistorische Studien; Bd. 9). Wien.

BIHL, Wolf-Dieter (1970): Österreich-Ungarn und die Friedensschlüsse von Brest-Litovsk. (= Studien zur Geschichte der österreichisch-ungarischen Monarchie). Wien/ Köln/Graz.

BIHL, Wolf-Dieter (1975): Die Kaukasus-Politik der Mittelmächte. Teil I. Ihre Basis in der Orient-Politik und ihre Aktionen 1914–1917 (= Veröffentlichungen der Kommission für neuere Geschichte Österreichs; Bd. 61). Wien/Köln/Graz.

BIHL, Wolf-Dieter (1992): Die Kaukasus-Politik der Mittelmächte. Teil II. Die Zeit der versuchten kaukasischen Staatlichkeit (1917–1918). Wien/Köln/Weimar.

BINDER, Gerhart (1983): Mit Glanz und Gloria in die Niederlage. Der Erste Weltkrieg in alten Ansichtskarten aus der Sammlung von Richard Meinel. Stuttgart.

BISAHA, Nancy (2004): Creating East and West. Renaissance Humanists and the Ottoman Turks.

BÖHLER, Berhard A. (Hg.) (2000): Mit Zepter und Pilgerstab. Österreichische Präsenz im Heiligen Land seit den Tagen Kaiser Franz Josephs. Wien.

BREITER, Marion (1991): Hinter der Front. Zum Leben der Zivilbevölkerung im Wien des Ersten Weltkriegs. Phil. Diss., Wien.

BRIDGE, Francis Roy (1981): „Austria-Hungary and the Ottoman Empire in the Twentieth Century". In: Mitteilungen des Österreichischen Staatsarchivs 34 (Wien), S. 234–271.

BRIDGE, Francis Roy (1984): „The Habsburg Monarchy and the Ottoman Empire, 1900–18." In: The Great Powers and the End of the Ottoman Empire. Edited by Marian Kent. London, S. 31–51.

BROUCEK, Peter (1989): „Das Kriegspressequartier und die literarischen Gruppen im Kriegsarchiv 1914–1918". In: Österreich und der Große Krieg 1914–1918. Die andere Seite der Geschichte. Herausgegeben von Klaus Amann und Hubert Lengauer. Wien, S. 132–139.

BRUNNER, Friederike Maria (1971): Die deutschsprachige Flugblatt- und Plakatpropaganda der österreichisch-ungarischen Monarchie im Ersten Weltkrieg 1914–1918. Phil. Diss., Wien.

BUCHMANN, Bertrand Michael (1983): Türkenlieder zu den Türkenkriegen und besonders zur zweiten Wiener Belagerung. Wien/Köln/Graz.

BUCHMANN, Bertrand Michael (1999): Österreich und das Osmanische Reich: eine bilaterale Geschichte. Wien.

CAN, B. Bülent (1994): „Almanya'nın Türkiye'de Koloni Kurma Planları. [Die Pläne Deutschlands, in der Türkei eine Kolonie zu errichten]". In: Toplumsal Tarih Nr. 8 Bd. 2, August (Istanbul), S. 50–54.

Cardini, Franco (2004): Europa und der Islam. Geschichte eines Mißverständnisses. München.

Cepheden Mektuplar (1999): Cepheden Mektuplar [Briefe von der Front]. T. C. Milli Savunma Bakanlığı [Herausgegeben vom türkischen Verteidigungsministerium]. Ankara.

ÇIRAKMAN, Aslı (2002): From the „Terror of the World" to the „Sick Man of Europe". European Images of Ottoman Empire and Society from the Sixteenth Century to the Nineteenth. (= Studies in Modern European History; Bd. 43). Frankfurt a. M. u. a.

CORNWALL, Mark (2000): The Undermining of Austria-Hungary. The Battle for Hearts and Minds. New York.

Das Osmanische Reich im Spiegel europäischer Druckwerke (1985): Das Osmanische Reich im Spiegel europäischer Druckwerke. Kostbarkeiten aus vier Jahrhunderten. Begleitheft zur Ausstellung des Instituts für Orientalische und Ostasiatische Philologien, Turkologie, der Johann Wolfgang Goethe-Universität und der Stadt- und Universitätsbibliothek Frankfurt am Main. 12. April bis 18. Mai 1985. Herausgegeben von der Stadt- und Universitätsbibliothek Frankfurt a. M., Frankfurt a. M.

DAVISON, Roderic H. (1985): „Vienna as a Major Ottoman Diplomatic Post in the 19th Century". In: Habsburgisch-osmanische Beziehungen. Herausgegeben von Andreas Tietze. (= Beihefte zur Wiener Zeitschrift des Morgenlandes; Bd. 13). Wien, S. 251–281.

DAVISON, Roderic H. (1998): Turkey. A Short History. Huntington.

DEMANDT, Alexander (1997): Das Ende der Weltreiche. Von den Persern bis zur Sowjetunion. München.

DEMM, Eberhard (Hg.) (1988): Der Erste Weltkrieg in der internationalen Karikatur. Hannover.

DENSCHER, Bernhard (1987): Gold gab ich für Eisen. Österreichische Kriegsplakate 1914–1918. Wien/München.

Der 1. Weltkrieg (1982): Der 1. Weltkrieg. Vision und Wirklichkeit. Herausgegeben von der Galerie Michael Pabst. München.

Die Türkei in Europa (1979): Die Türkei in Europa. Beiträge des Südosteuropa-Arbeitskreises der Deutschen Forschungsgemeinschaft zum IV. Internationalen Südosteuropa-Kongreß der Association Internationale d'Études du Sud-Est Européen. Ankara, 13.–18. 8. 1979. Herausgegeben von Klaus-Detlev Grothusen. Göttingen.

Die Türken vor Wien (1983): Die Türken vor Wien. Europa und die Entscheidung an der Donau 1683. 82. Sonderausstellung des Historischen Museums der Stadt Wien. 5. Mai bis 30. Oktober 1983. Herausgegeben im Eigenverlag der Museen der Stadt Wien. Wien.

DOUGLAS, Roy (1995): The Great War, 1914–1918. The Cartoonists' Vision. London / New York.

DURSTMÜLLER, Anton / FRANK, Norbert (1985): 500 Jahre Druck in Österreich. Die österreichischen graphischen Gewerbe zwischen Revolution und Weltkrieg 1848 bis 1918. Die Entwicklungsgeschichte der graphischen Gewerbe von den Anfängen bis zur Gegenwart. Bd. II. Wien.

EGGER, Hanna (1980): Glückwunschkarten im Biedermeier. Höflichkeit und gesellschaftlicher Zwang. München.

ERENDIL, Muzaffer (1985): „The Ottoman Empire in World War I: The Home Front and Military Affairs". In: War and Society in East Central Europe. Vol. XIX. East Central European Society in World War I. Béla K. Király and Nándor F. Dreisziger, Editors. New York, S. 369–380.

EXNER, Gudrun (1995): Karikaturen als Quellen der historischen Stereotypenforschung. Das englische nationale Stereotyp in den Karikaturen der „Muskete" im Ersten Weltkrieg. Dipl. Arb., Wien.

FEIGL [ATILGAN] İnanç / HEUBERGER, Valeria / PITTIONI, Manfred / TOMENENDAL, Kerstin (2002): Auf den Spuren der Osmanen in der österreichischen Geschichte. Herausgegeben von. (= Wiener Osteuropa Studien; Bd. 14) Frankfurt a. M.

FISCHER, Peter (1993): „Die propagandistische Funktion von Bildpostkarten im Ersten Weltkrieg." Medien – Kommunikation – Geschichte. Nr. 1. Hg. von Siegfried Quandt. Gießen, S. 63–75.

FLEMMING, Thomas / HEINRICH, Ulf (2004): Grüße aus dem Schützengraben. Feldpostkarten im Ersten Weltkrieg aus der Sammlung Ulf Heinrich. Berlin.

FREMBS, Susanne (2001): Nibelungenlied und Nationalgedanke nach Neunzehnhundert. Über den Umgang der Deutschen mit ihrem „Nationalepos". Stuttgart.

FUCHS, Eduard (1916): Der Weltkrieg in der Karikatur. München.

GARDOS, Harald (1968): Österreich-Ungarn und die Türkei im Kriegsjahr 1915. Diss., Wien.

GARDOS, Harald (1970): „Ballhausplatz und Hohe Pforte im Kriegsjahr 1915." In: Mitteilungen des Österreichischen Staatsarchivs 23 (Wien), S. 250–296.

GERBER, Ursula (1993): Imago Turci. Das Türkenbild in illustrierten Flugblättern des 16. Jahrhunderts im deutschsprachigen Raum. Dipl.-Arb., Wien.

GOLD, Helmut / HEUBERGER, Georg (Hg.) (1999): Abgestempelt. Judenfeindliche Postkarten. Auf der Grundlage der Sammlung Wolfgang Haney. Frankfurt am Main.

GÖLLNER, Carl (1978): Turcica. Bd. 1–3. Baden-Baden. [Bd. 1: Die europäischen Türkendrucke des XVI. Jahrhunderts. 1501–1550. Bd. 2: Die europäischen Türkendrucke des XVI. Jahrhunderts. 1551–1600. Bd. 3: Die Türkenfrage in der öffentlichen Meinung Europas im 16. Jahrhundert.]

GROTHAUS, Maximilian (1983): „Zum Türkenbild in der Adels- und Volkskultur der Habsburgermonarchie von 1650 bis 1800." In: Das Osmanische Reich und Europa 1683 bis 1789: Konflikt, Entspannung und Austausch. Herausgegeben von Gernot Heiss und Grete Klingenstein. (= Wiener Beiträge zur Geschichte der Neuzeit, Bd. 10/1983). Wien, S. 63–88.

GROTHAUS, Maximilian (1985): „Zum Türkenbild in der Kultur der Habsburgermonarchie zwischen dem 16. und 18. Jahrhundert." In: Habsburgisch-osmanische Beziehungen. Herausgegeben von Andreas Tietze. (= Beihefte zur Wiener Zeitschrift des Morgenlandes; Bd. 13). Wien, S. 67–89.

GROTHAUS, Maximilian (1986): Der „Erbfeind christlichen Nahmens." Studien zum Türken Feindbild in der Habsburgermonarchie zwischen 16. und 18. Jahrhundert [sic!]. Phil. Diss., Graz.

GROTHAUS, Maximilian (2002): „Vom Erbfeind zum Exoten. Kollektive Mentalitäten über die Türken in der Habsburger Monarchie der frühen Neuzeit." In: Auf den Spuren der Osmanen in der österreichischen Geschichte. Herausgegeben von Inanc Feigl / Valeria Heuberger / Manfred Pittioni / Kerstin Tomenendal. (= Wiener Osteuropa Studien Bd. 14) Frankfurt am Main, S. 99–114.

GUTHMÜLLER, Bodo / KÜHLMANN, Wilhelm (Hg.) (2000): Europa und die Türken in der Renaissance. (= Frühe Neuzeit. Studien und Dokumente zur deutschen Literatur und Kultur im europäischen Kontext; Bd. 54). Tübingen.

HAGEN, Gottfried (1990): Die Türkei im Ersten Weltkrieg. Flugblätter und Flugschriften in arabischer, persischer und osmanisch-türkischer Sprache aus einer Sammlung der Universitätsbibliothek Heidelberg.

Eingeleitet, übersetzt und kommentiert. (= Heidelberger Orientalistische Studien; Bd. 15). Frankfurt am Main.

HAGENOW, Elisabeth von (1994): Politik und Bild. Die Postkarte als Medium der Propaganda. Universität Hamburg. Forschungsstelle Politische Ikonographie. Hamburg.

HAGENOW, Elisabeth von (1998): „Propaganda per Post. Das Kompositbildnis als Mittel der politischen Karikatur im Ersten Weltkrieg." In: Andreas Köster und Ernst Seidl (Hg.): Bildnis und Image. Das Porträt zwischen Intention und Rezeption. Köln / Wien.

HAGENOW, Elisabeth von (1999): „Die Postkarte als Propagandamedium im internationalen Vergleich". In: Abgestempelt. Judenfeindliche Postkarten. Auf der Grundlage der Sammlung von Wolfgang Haney. Herausgegeben von Helmut Gold und Georg Heuberger. Frankfurt am Main, S. 299–302.

HAGENOW, Elisabeth von (2000): „Mit Gott für König, Volk und Vaterland – Die Bildpostkarte als Massen- und Bekenntnismedium". In: Bildpropaganda im Ersten Weltkrieg. Herausgegeben von Raoul Zühlke. (= 20th Century Imaginarium; Bd. 4) Hamburg, S. 145–178.

HAMANN, Brigitte (2004): Der Erste Weltkrieg. Wahrheit und Lüge in Bildern und Texten. München.

HÄMMERLE, Christa (1996): „Zur Liebesarbeit sind wir hier, Soldatenstrümpfe stricken wir …" Zu Formen weiblicher Kriegsfürsorge im Ersten Weltkrieg. Phil. Diss., Wien.

HANTSCH, Hugo (1994): Die Geschichte Österreichs. 2 Bde. Graz.

HEIGL, Peter (1998): „Der Balkan-Zug – ein deutscher Orient-Express." In: Orient-Express – König der Züge. Herausgegeben von Jürgen Franzke. Begleitbuch zur gleichnamigen Ausstellung am DB Museum Nürnberg. November 1998 bis April 1999. Nürnberg, S. 94–103.

HEILMEYER, Martina (2002): Die Sprache der Blumen. Von Akelei bis Zitrus. München.

HEINE, Peter (1980): „Al-Ğihād – eine deutsche Propagandazeitschrift im 1. [sic!] Weltkrieg". In: Welt des Islams, N. S. 20 (Leiden), S. 197–199.

HEINISCH, Severin (1988): Die Karikatur. Über das Irrationale im Zeitalter der Vernunft. (= Kulturstudien; Bd. 14). Wien/Köln/Graz.

HEISS, Gernot / KLINGENSTEIN, Grete (Hg.) (1983): Das Osmanische Reich und Europa 1683 bis 1789: Konflikt, Entspannung und Austausch. (= Wiener Beiträge zur Geschichte der Neuzeit; Bd. 10/1983). Wien.

HEUBERGER, Valeria / SUPPAN, Arnold / Vyslonzil, Elisabeth (Hg.) (1998): Das Bild vom Anderen. Identitäten, Mentalitäten, Mythen und Stereotypen in multiethnischen europäischen Regionen. Frankfurt am Main.

HILLE, Horst und Frank (1986): Technikmotive auf alten Ansichtskarten. Mit 145 Bildern. Leipzig.

HIRSCHFELD, Gerhard (Hg.) (1997): Kriegserfahrungen. Studien zur Sozial- und Mentalitätsgeschichte des Ersten Weltkriegs. (= Schriften der Bibliothek für Zeitgeschichte; N. F. Bd. 5). Essen.

HIRSCHFELD, Gerhard / KRUMEICH, Gerd / RENZ, Irina (Hg.) (1993): Keiner fühlt sich hier mehr als Mensch... Erlebnis und Wirkung des Ersten Weltkriegs. (= Schriften der Bibliothek für Zeitgeschichte; N.F. Bd. 1). Essen.

HÖBELT, Lothar (1990): Kornblume und Kaiseradler. Die Deutschfreiheitlichen Parteien Altösterreichs 1882–1918. Wien.

HÖFERT, Almut (2003): Den Feind beschreiben. „Türkengefahr" und europäisches Wissen über das Osmanische Reich 1450–1600. (= Campus Historische Studien; Bd. 35). Frankfurt / New York.

HOLSTEN, Siegmar (1976): Allegorische Darstellungen des Krieges 1870–1918. Ikonologische und ideologiekritische Studien. (= Studien zur Kunst des neunzehnten Jahrhunderts; Bd. 27). München.

HOLT, Tonie und Valmai (1977): Till the Boys Come Home. The Picture Postcards of the First World War. London.

HOPKIRK, Peter (1996): Östlich von Konstantinopel. Kaiser Wilhelms Heiliger Krieg um die Macht im Orient. München.

HÖSCH, Edgar (³1995): Geschichte der Balkanländer. Von der Frühzeit bis zur Gegenwart. München.

HUSS, Marie-Monique (2000): Histoires de Famille. Cartes Postales et Culture de Guerre. Paris.

İLMIHAL (²1999): İlmihal II. İslâm ve Toplum. [Katechese II. Islam und Gesellschaft]. Istanbul.

JANKOWSKY, Heinz (1993): Das „Türkenbild" in den österreichischen satirisch-humoristischen Blättern von 1866 bis 1909. Bd. 1–3. Phil. Diss., Wien.

JÄSCHKE, Gotthart (1979): „Zum Eintritt der Türkei in den Weltkrieg." In: Welt des Islams, N.S. 19 (Leiden), S. 223–225.

JUNG, Peter (1989): „Zur Organisationsgeschichte der k. u. k. Feldpost im Ersten Weltkrieg." In: Studien und Dokumente zur österreichisch-ungarischen Feldpost im Ersten Weltkrieg. Herausgegeben von Joachim Gatterer und Walter Lukan. Wien, S. 9–22.

KABELKA, Viktor / BENNERSDORFER, Ernestine 1997: Reklame anno dazumal. Wien.

KESKIN, Mesut / CAN, B. Bülent (1994): „Almanya'nın Türkiye'de Koloni Kurma Planları II [Die Pläne Deutschlands, in der Türkei eine Kolonie zu errichten]". In: Toplumsal Tarih Nr. 11 Bd. 2, November (Istanbul), S. 18–26.

KLEIN, Fritz (1964): „Die Rivalität zwischen Deutschland und Österreich-Ungarn in der Türkei am Vorabend des Ersten Weltkriegs." In: Politik im Krieg 1914–1918. Studien zur Politik der deutschen herrschenden Klasse im ersten Weltkrieg. Berlin, S. 1–22.

KLEINLOGEL, Cornelia (1989): Exotik – Erotik. Zur Geschichte des Türkenbildes in der deutschen Literatur der frühen Neuzeit (1453–1800). (= Bochumer Schriften zur deutschen Literatur; Bd. 8). Frankfurt a. M.

KLEMM, David (1999): „Zum Beruf des Gebrauchsgraphikers in Deutschland". In: Verführungen. Plakate aus Österreich und Deutschland von 1914–1918. Herausgegeben von der Österreichischen Nationalbibliothek u. a. Darmstadt, S. 26–30.

KLOOSTERHUIS, Jürgen (1994): „Friedliche Imperialisten". Deutsche Auslandsvereine und auswärtige Kulturpolitik, 1906–1918. Teil 1 und 2. (= Europäische Hochschulschriften. Reihe III: Geschichte und ihre Hilfswissenschaften; Bd./Vol. 588). Frankfurt am Main u. a.

KOCADORU, Yüksel (1990): Die Türken. Studien zu ihrem Bild und seiner Geschichte in Österreich. Klagenfurt.

KÖHBACH, Markus (1978): „Osmanische Spuren im Deutschen". In: Die Türken – und was von ihnen blieb. Wien, S. 72–77.

KÖHBACH, Markus (1984): „Die diplomatischen Beziehungen zwischen Österreich und dem Osmanischen Reich. Vom Frieden von Zsitva Torok bis zum 1. Weltkrieg." In: Osmanlı Araştırmaları IV (Istanbul), S. 237–260.

KÖHLER, Gottfried (1991): Feldpost-Handbuch. Die Kriegsgefangenen-, Internierten- u. Militärlager in Österreich-Ungarn 1914–1919 und ihre Feldposteinrichtungen. (= Schriftenreihe der österreichischen Arbeitsgemeinschaft Feld- und Zensurpost 1914–1918). Graz / Linz.

KOSCHEK, Hans-Peter (2000): Die Welt der Ansichtskarten – die Ansichtskarten der Welt. Baden.

KURNAZ, Şefika (1992): Cumhuriyet Öncesinde Türk Kadını 1839–1923. [Die türkische Frau vor der Republik]. Istanbul.

LAMPRECHT, Gerald (2001): Feldpost und Kriegserlebnis. Briefe als historisch-bilgraphische Quelle. (= Grazer zeitgeschichtliche Studien; 1). Graz.

LANGENSIEPEN, Bernd / NOTTELMANN, Dirk / KRÜSMANN, Jochen (1999): Halbmond und Kaiseradler. Goeben und Breslau am Bosporus 1914–1918. Hamburg u. a.

LEBECK, Robert / SCHÜTTE, Manfred (1980): Propagandapostkarten I. 80 Bildpostkarten aus den Jahren 1898–1929. (= Die bibliophilen Taschenbücher 154) Harenberg.

LEBECK, Robert / KAUFMANN, Gerhard (1985): Viele Grüße ... Eine Kulturgeschichte der Postkarte (= Die bibliophilen Taschenbücher 458), Dortmund.

LEWIS, Bernard (1961): The Emergence of Modern Turkey. London u. a.

LEWIS, Bernard (1982): The Muslim Discovery of Europe. London.

LEWIS, Bernard (1996): Kaiser und Kalifen. Christentum und Islam im Ringen um Macht und Vorherrschaft. München.

LINK, Jürgen / WÜLFING, Wulf (Hg.) (1991): Nationale Mythen und Symbole in der zweiten Hälfte des 19. Jahrhunderts. Strukturen und Funktionen von Konzepten nationaler Identität. Stuttgart.

MARTINETZ, Erwin (2003): „Bilder von Fritz Schönpflug und Carl Josef auf B.K.W.1-Postkarten." In: Meteor-Nachrichten 4/2003, 16. Jg. (Wien), S.14–18.

MATUZ, Josef (³1994): Das Osmanische Reich. Grundlinien seiner Geschichte. Darmstadt.

MAUTHE, Gabriele (2000): Die Direktion Josef Karabacek an der k. k. Hofbibliothek in Wien (1899–1917). Eine bibliothekswissenschaftliche und kulturhistorische Studie aus Quellen der k. k. Hofbibliothek in Wien. Mit biographischer Skizze von Josef Karabacek (1845–1918). Diss., Wien.

MAY, Otto (1998): Deutsch sein heißt treu sein. Ansichtskarten als Spiegel von Mentalität und Untertanenerziehung in der Wilhelminischen Ära (1888–1918). Hildesheim.

MAYER, Klaus (1963): Die Organisation des Kriegspressequartiers beim k. u. k. Armeeoberkommando im Ersten Weltkrieg 1914–1918. Phil. Diss., Wien.

MCCARTHY, Justin (2001): The Ottoman Peoples and the End of Empire. London.

METKEN, Sigrid (1994): „Ich habe diese Karte im Schützengraben geschrieben …" Bildpostkarten im Ersten Weltkrieg. In: Die letzten Tage der Menschheit. Bilder des Ersten Weltkrieges. Ausstellungskatalog herausgegeben von Rainer Rother. Deutsches Historisches Museum. Berlin.

MILLER, George und Dorothy (1976): Picture Postcards in the United States 1893–1918. New York.

MITTWOCH, Eugen (1914): Deutschland, die Türkei und der Heilige Krieg. (= Kriegsschriften des Kaiser-Wilhelm-Dank-Verein der Soldatenfreunde; Heft 17). Berlin.

MÖHRING, Rubina (1978): Die Beziehungen zwischen Österreich-Ungarn und dem Osmanischen Reich 1908–1912. 2 Bde. Phil. Diss., Wien.

MOLLO, Andrew (1977): Army Uniforms of World War I. European and United States Armies and Aviation Services. Poole.

MÜKSCH, Ursula (2004): Karl Feiertag (1874–1944). Ein Künstlerleben. Retrospektive zum 60. Todestag. Katalog zur Ausstellung im Stadtmuseum Klosterneuburg. Klosterneuburg.

MÜLLER, Herbert (1991): Islam, ǧihād („Heiliger Krieg") und Deutsches Reich. Frankfurt am Main.

Musen an die Front (2003): Musen an die Front! Schriftsteller und Künstler im Dienst der k. u. k. Kriegspropaganda 1914–1918. Begleitband zur gleichnamigen Ausstellung. Teil 2: Dokumentation. Herausgegeben von Jozo Džambo. München.

NEUMAYER, Christoph (1995): Der Islam in Österreich-Ungarn 1878–1918. Dipl.-Arb., Wien.

NIEDERKORN, Jan Paul (1993): Die europäischen Mächte und der „Lange Türkenkrieg" Kaiser Rudolfs II. (1593–1606) (= Archiv für österreichische Geschichte; Bd. 135). Wien.

OSTERHAMMEL, Jürgen (1998): Die Entzauberung Asiens. Europa und die asiatischen Reiche im 18. Jahrhundert. München.

Österreichische Marinetradition 1904–1994 (1994): Österreichische Marinetradition 1904–1994. 90 Jahre Flottenverein. 70 Jahre Marineverband. Österreichische Militärgeschichte. 1994 – Folge 1., Wien.

Österr. Kriegsbilderausstellung 1914–1918 (1934): Österr. [sic!] Kriegsbilderausstellung 1914–1918. Mit den Gedächtnisausstellungen Carl Hassmann und Carl Pippich im Künstlerhaus. 6. September bis 14. Oktober 1934. Wien.

Österreichische Nationalbibliothek (Hg.) (1995): Das letzte Vivat. Plakate und Parolen aus der Kriegssammlung der k. k. Hofbibliothek. Wien.

PANOFSKY, Erwin (2002): Sinn und Deutung in der bildenden Kunst. (Meaning in the Visual Arts). Köln.

PETERSEIL, Walter (1994): Nationale Geschichtsbilder und Stereotypen in der Karikatur. 2 Bde. Phil. Diss., Wien.

PETRITSCH, Ernst Dieter (1982): „Österreich und die Türkei nach dem Ersten Weltkrieg. Zum Wandel der diplomatischen und kulturellen Beziehungen." In: Mitteilungen des Österreichischen Staatsarchivs 35 (Wien), S. 199-237.

PETRITSCH, Ernst Dieter (2004): „Die Anfänge der Orientalischen Akademie." In: 250 Jahre. Von der Orientalischen zur Diplomatischen Akademie in Wien. Herausgegeben von Oliver Rathkolb. Wien, S. 47–64.

PICK, Ingeborg (1980): Die Türkengefahr als Motiv für die Entstehung kartographischer Werke über Wien. Phil. Diss., Wien.

PIETSCH, Edeltraud (1967): Die zeitgenössische Publizistik über die Türken im 16. Jahrhundert. Phil. Diss., Wien.

PIGNOTTI, Lamberto (1985): Figure d'Assalto. Le Cartoline della Grande Guerra. Dalla collezione del Museo Storico Italiano della Guerra di Rovereto. Rovereto.

Plakate, Kriegsanleihen 1915–1918 (1984): Plakate, Kriegsanleihen 1915–1918. Heeresgeschichtliches Museum Wien. Wien.

PLUM, Angelika (1998): Die Karikatur im Spannungsfeld von Kunstgeschichte und Politikwissenschaft. Eine ikonologische Untersuchung zu Feindbildern in Karikaturen. Phil. Diss., Aachen.

POKORNY, Dagobert (1950): Die Wiener Tagespresse und ihre Einflußfaktoren im Ersten Weltkrieg 1914–1918. Phil. Diss., Wien.

POPELKA, Liselotte (1981): Vom „Hurra" zum Leichenfeld. Gemälde aus der Kriegsbildersammlung 1914–1918. Wien.

POPELKA, Liselotte (1996): Augenzeugen – Leidenszeugen – Vergessene: Österreichische bildende Künstler im Krieg. In Vom Ruf zum Nachruf. Anton Bruckner Landesausstellung.

POPELKA, Liselotte (2003): „Die Musen schweigen nicht". In: Musen an die Front! Schriftsteller und Künstler im Dienst der k. u. k. Kriegspropaganda 1914–1918. Begleitband zur gleichnamigen Ausstellung. Teil 1: Beiträge. München, S. 84–78.

RATHKOLB, Oliver (Hg.) (2004): 250 Jahre. Von der Orientalischen zur Diplomatischen Akademie in Wien. Wien.

RIES, Hans (1992): Illustration und Illustratoren des Kinder- und Jugendbuchs im deutschsprachigen Raum 1871–1914. Das Bildangebot der Wilhelminischen Zeit. Geschichte und Ästhetik der Original- und Drucktechniken. Osnabrück.

ROTTER, Gernot (²1993): „Europa und der Orient: Geschichte und Wiedergeburt eines alten Feindbildes". In: Das Schwert des „Experten". Peter Scholl-Latours verzerrtes Araber- und Islambild. Herausgegeben von Verena Klemm und Karin Hörner. Heidelberg, S. 44–58.

ROUILLARD, Clarence Dana (1940): The Turk in French History, Thought and Literature (1520–1660). Paris.

RUMPF, Axel (1980): Feldpostkarten 1914–1918. Bergisch Gladbach.

ST. CLAIR, Alexandrine N. (1973): The Image of the Turk in Europe. New York.

SALEH, Nouhad A. (1993): Guide to Artists' Signatures & Monograms On Postcards. Florida.

SCHIMMEL, Annemarie (1995): Die Zeichen Gottes. Die religiöse Welt des Islam. München.

SCHIVELBUSCH, Wolfgang (2001): Die Kultur der Niederlage. Berlin.

SCHMALE, Wolfgang (2000): Geschichte Europas. Wien/Köln/Weimar.

SCHMIDL, Erwin (1989): Juden in der k.(u.)k. Armee 1788–1918. Jews in the Habsburg Armed Forces. Studia Judaica Austriaca, Bd. XI. Eisenstadt.

SCHMIDL, Erwin (1998): „Der Künstler als Offizier – Ephraim M. Lilien im Ersten Weltkrieg." In: E. M. Lilien. Jugendstil – Erotik – Zionismus. Eine Ausstellung des Jüdischen Museums der Stadt Wien 21. Oktober 1998 bis 10. Jänner 1999 und des Braunschweigischen Landesmuseums 21. März bis 23. Mai 1999. Herausgegeben von Oz Almog und Gerhard Milchram. Wien, S. 12–14.

SCHMÖLZER, Hildegund (1965): Die Propaganda des Kriegspressequartiers im Ersten Weltkrieg 1914–1918. Phil. Diss., Wien.

SCHNEEWEISS, Susanne (2001): Theo Zasche und die Wiener Karikatur im Jahre 1919. Dipl.-Arb. Wien 2001.

SCHNEIDER, Franz (1988): Die politische Karikatur. München.

SCHNITZLER, Sonja (1985): Gedenke mein. Postkarten von Anno dunnemals. Gütersloh.

SCHÖNHILL, Toni (1996): Die Geschichte der Österreichischen Ansichtskarte und des Verbandes der Österreichischen Ansichtskartenverleger und -hersteller. 30 Jahre 1966–1996. Eine Chronik der Entwicklung der Ansichtskarte und der Verlage in den letzten 100 Jahren. Innsbruck.

SCHRAMEK, Wilhelm (1964): Die Bündnisverträge Deutschlands und Österreich-Ungarns mit der Türkei während des Ersten Weltkrieges. Phil. Diss., Wien.

SCHULZE, Winfried (1978): Reich und Türkengefahr im späten 16. Jahrhundert. Studien zu den politischen und gesellschaftlichen Auswirkungen einer äußeren Bedrohung. München.

SCHWOEBEL, Robert (1967): The Shadow of the Crescent: The Renaissance Image of the Turk (1453–1517). Nieuwkoop.

SHAW, Ezel Kural (1972): „The Double Veil: Travellers' Views of the Ottoman Empire, Sixteenth through Eighteenth Centuries". In: English and Continental Views of the Ottoman Empire 1500–1800. Los Angeles.

SHAW, Stanford Jay und Ezel Kural (1977): History of the Ottoman Empire and Modern Turkey. Volume II: Reform, Revolution and Republic: The Rise of Modern Turkey, 1808–1975. Cambridge.

SIEVERNICH, Gereon / BUDDE, Hendrick (Hg.) (1989): Europa und der Orient 800–1900. Gütersloh/München.

„So ist der Mensch ..." (1994): „So ist der Mensch ..." 80 Jahre Erster Weltkrieg. 195. Sonderausstellung. Historisches Museum der Stadt Wien. 15. September bis 20. November 1994. Wien.

SOYKUT, Mustafa (2001): Image of the „Turk" in Italy. A History of the „Other" in Early Modern Europe: 1453–1683. (= Islamkundliche Untersuchungen; Bd. 236). Berlin.

STURMINGER, Walter (1955): Bibliographie und Ikonographie der Türkenbelagerung Wiens 1529 und 1683. Graz / Köln.

SUPPAN, Arnold (1987): „Der Nachbar als Freund und Feind. Wechselseitige Geschichtsbilder und nationale Stereotypen im südslawischen und österreichischen Bereich." In: Österreichische Osthefte 29, Heft 3 (Wien), S. 295–322.

TAŞKIRAN, Cemalettin (2001): Ana Ben Ölmedim. Birinci Dünya Savaşı'nda Türk Esirleri. [Mutter, ich bin nicht gestorben. Türkische Kriegsgefangene im Ersten Weltkrieg]. Istanbul.

TEPLY, Karl (o. J.) [1975]: Die kaiserliche Großbotschaft an Sultan Murad IV. 1628. Des Freiherrn Hans Ludwig von Kuefsteins Fahrt zur Hohen Pforte. Wien.

TIBI, Bassam (1999): Kreuzzug und Djihad. Der Islam und die christliche Welt. München.

TIETZE, Andreas (Hg.) (1985): Habsburgisch-osmanische Beziehungen. (= Beihefte zur Wiener Zeitschrift des Morgenlandes; Bd. 13). Wien.

TILL, Walter (1995): Alte Postkarten. Augsburg.

TOMENENDAL, Kerstin (2000): Das türkische Gesicht Wiens. Auf den Spuren der Türken in Wien. Wien.

TOMENENDAL, Kerstin (2001): „Die vermeintliche Rippe Kara Mustafa Paschas in Kremsmünster, Oberösterreich. – Merzifonlu'nun Avusturya'daki Bir Başka Emaneti". In: Merzifonlu Kara Mustafa Paşa Uluslararası Sempozyumu. Merzifon, S. 275–286.

TOMENENDAL, Kerstin (2005): Das Türkenbild in Österreich-Ungarn während des Ersten Weltkriegs im Spiegel der Kriegspostkarte. 2 Bände. Phil. Diss., Wien.

Traum und Wirklichkeit – Wien 1870–1930 (1985): Traum und Wirklichkeit – Wien 1870–1930. Katalog der 93. Sonderausstellung des Historischen Museums der Stadt Wien. Wien.

TRUBEL, Veronika (1996): Die Künstler und der Krieg: Der Erste Weltkrieg und die Maler der Kunstgruppe des k. u. k. Kriegspressequartiers. Dipl.-Arb., Wien.

TRUMPENER, Ulrich (1968): Germany and the Ottoman Empire 1914–1918. Princeton.

TSCHUGGUEL, Helga (1996): Österreichische Handelskompagnien im 18. Jahrhundert und die Gründung der Orientalischen Akademie als ein Beitrag zur Belebung des Handels mit dem Orient. Phil. Diss., Wien.

TUNCER, Hüner (1996): „Metternich'in Osmanlı Politikası (1815–1848)" [Metternichs Osmanenpolitik. (1815–1848)]. Ankara.

... und Friede den Menschen ... (1992): ... und Friede den Menschen... Weihnachten und Jahreswechsel im 1. Weltkrieg. Postkarten, Photos, Erinnerungen. Herausgegeben vom Heeresgeschichtlichen Museum. Wien.

UNAT, Faik Reşit (³1992): Osmanlı Sefirleri ve Sefaretnameleri. [Osmanische Gesandte und Gesandtschaftsreisen]. Ankara.

UYSAL, Ülkü (1967): Die Gesellschaft vom Türkischen Roten Halbmond mit einer Darstellung der historischen Wurzeln der Rotkreuzidee im abendländischen und im islamischen Raum des Nahen Ostens. Phil. Diss., Wien.

VAN STRATEN, Roelof (1989): Einführung in die Ikonographie. Berlin.

Verführungen (1999): Verführungen. Plakate aus Österreich und Deutschland von 1914–1918. Herausgegeben von der Österreichischen Nationalbibliothek u. a. Darmstadt.

VOCELKA, Karl (1981): Die politische Propaganda Kaiser Rudolfs II. (1576–1612). (= Veröffentlichungen der Kommission für die Geschichte Österreichs; Bd. 9). Wien.

VOCELKA, Karl (1986): k. u. k. Karikaturen und Karikaturen zum Zeitalter Franz Josephs. Wien–München.

VONDUNG, Klaus (Hg.) (1980): Kriegserlebnis. Der Erste Weltkrieg in der literarischen Gestaltung und symbolischen Deutung der Nationen. Göttingen.

WEBER, Frank G. (1970): Eagles on the Crescent. Germany, Austria and the Diplomacy of the Turkish Alliance 1914–1918. London.

WEIDMANN, Dieter (1996): Postkarten. Von der Ansichtskarte bis zur Künstlerkarte. (= Weltkunst Antiquitäten-Führer). Berlin.

WEIGEL, Hans / LUKAN, Walter / PEYFUSS, Demeter (1983): Jeder Schuß ein Russ, jeder Stoß ein Franzos. Literarische und graphische Kriegspropaganda in Deutschland und Österreich. Wien.

WILLOUGHBY, Martin (1993): Die Geschichte der Postkarte. Ein illustrierter Bericht von der Jahrhundertwende bis in die Gegenwart. Erlangen.

WILSON, W. Daniel (1984): Humanität und Kreuzzugsideologie um 1780. Die „Türkenoper" im 18. Jahrhundert und das Rettungsmotiv in Wielands ‚Oberon', Lessings ‚Nathan' und Goethes ‚Iphigenie'. (= Kanadische Studien zur deutschen Sprache und Literatur; Bd. 30). New York / Frankfurt a. M. / Nancy.

WITZMANN, Reingard (1979): Freundschafts- und Glückwunschkarten aus dem Wiener Biedermeier. Dortmund.

YURDUSEV, Nuri (2000): „Turkey and Europe: The Other in Identity Formation." In: Zeitschrift für Türkeistudien 13, Heft 1 (Essen), S. 85–94.

ZÜHLKE, Raoul (Hg.) (2000): Bildpropaganda im Ersten Weltkrieg. (= 20th Century Imaginarium; Bd. 4). Hamburg.

ZÜRCHER, Erik Jan (1996): Between Death and Desertion. The Experience of the Ottoman Soldier in World War I. In: Turcica 28 (Paris/Louvain), S. 235–258.

CD-Roms und Quellen aus dem Internet

Der Erste Weltkrieg in deutschen Bildpostkarten (2002): Der Erste Weltkrieg in deutschen Bildpostkarten. Herausgegeben vom Deutschen Historischen Museum. Compact Disk. Berlin.

AKL: Allgemeines Künstlerlexikon. Internationale Künstlerdatenbank. http://www.saur.de/akl/

ANHANG A

Tabelle 1: Sprüche und Parolen

„Und wenn die Welt voll Teufel wär' und wollt' uns gar verschlingen... so fürchten wir uns nicht so sehr, es wird ihnen nicht gelingen..."	Martin Luther (1483–1546) Beginn der 3. Strophe des Liedes „Eine feste Burg ist unser Gott" (Komposition und Text von Luther im Jahr 1528)	188 (1a), 201 (1a)
Uns | eint ein heilig Band: | Gott, Kaiser, Vaterland!	Lied von Leo Blech (1871–1958)?	190 (1a)
Uns gehts um die Gerechtigkeit	Schlagwort Gerechtigkeit	381 (2a 1d)
„Uns treibt nicht Eroberungslust, uns beseelt der unbeugsame Wille den Platz zu bewahren, auf den Gott uns gestellt, für uns und alle kommenden Geschlechter."	Kaiser Wilhelm II. Ausspruch am 6. August 1914 in seiner Ansprache an das deutsche Volk	095 (2a 2b 2c 3b 3c)
Vereinte Kräfte führen zum Ziel!	Parole Keine Übereinstimmungen	080 (2a 5a 1a)
Vertrau' auf Gott in aller Not!	„Warum betrübst du dich, mein Herz" BWV (= Bach Werke Verzeichnis) 138, Teile einer geistlichen Kantate, in Anlehnung an Psalm 73?	319 (1a)
„Viel Feind viel Ehr"	Motto, das in Deutschland vor Ausbruch des Ersten Weltkriegs weit verbreitet war, Ursprünge im 19. Jh., vor allem in den antinapoleonischen Freiheitskämpfen. Vgl. Schlagwörter und Schlachtrufe 2002 I, 70–76 (Ludwig Elm)	063 (1a), 218 (1a), 379 (1a); 392 (1a)
„Viribus Unitis"	Wahlspruch von Kaiser Franz Joseph I	272 (2a 3a), 274 (7 2a), 296 (2a 1d)
„Vorwärts mit Gott, der mit uns sein wird, wie er mit den Vätern war"	Aufruf Wilhelms II. an das deutsche Volk am 6. August 1914 Historischer Anspruch!	095 (2a 2b 2c 3b 3c)
Wacht am Suez-Kanal!	Schlagwort, Parole	462 (4d 9b)
Waffenbrüderschaft | Eine helle Hoffnung | ein starker Glaube | Ein Glaube an den | Sieg!	Parole! Keine Übereinstimmung	420 (1a)

Wenn zwei sich lieben ….	Lied, <u>Text</u>: Salomon Hermann Ritter von Mosenthal (1821–1877), <u>Melodie</u>: Carl Goldmark (1830–1915), op. 46 no. 5 (1888/9)	388 (9c 1a)
Wir Deutsche | fürchten Gott | sonst nichts auf | der Welt.	Wilhelm II.; Rede an Bord der S.M.S. „Viktoria Luise"; geht ursprünglich auf Bismarck zurück.	195 (1d)
Wir dreschen mit vereinten Kräften! **Von Sieg zu Sieg!** Allah il Allah!	In Anlehnung an den Wahlspruch Kaiser Franz Josephs.	185 (1a)
Wir halten durch!	Sehr gängige Parole	301 ((1a), 427 (9b 1a)
Wir halten fest und treu zusammen!	Melodie aus Franken (Weise: Galopp)	002 (9b), 091 (2a 3b 1a), 216 (1c) 412 (3a)
Wir müssen und wir werden siegen	Durchhalteparole	055 (9b), 431 (9a)
Wir steh'n so fest als wie die Mauern, | Und fürchten eine Welt von Feinden nicht!	Umgewandelte Version des Aufrufs zum Ersten Weltkrieg durch Wilhelm II.	060 (3a 1a)
Wir werden nie bezwungen, | so lang wir einig sind.	Keine Übereinstimmung	079 (2a 3a)
Wir wollen sein ein einig Volk von Brüdern	Friedrich Schiller (1759–1805): Wilhelm Tell (1804), Rütli-Schwur Vgl. Schlagwörter und Schlachtrufe 2002 II, 270–273 (Wolfgang Büttner)	054 (10c 1a), 059 (3a 1a), 106 (1d)
Varianten: Wir wollen sein ein einig Volk in Waffen		029 (5c 2a 1a)

Tabelle 2: spezifizierende Attribute

Symbol	Bedeutung, Vorkommen innerhalb der Sammlung
Adler	Symbol von himmelstürmender Macht und Wehrhaftigkeit, Kraft und Stärke; dies gilt auch für den Doppeladler. L: Knaurs Lexikon der Symbole 2000 S. 15–18. <u>Dargestellt auf Karten</u>: 042, 095, 097, 109, 117, 251, 258, 296, 299, 323, 329, 330, 381, 424, 447.
Eiche(nlaub)	Symbol der Stärke und der Dauerhaftigkeit und unerschütterlichen Kraft. Es ist außerhalb ein Symbol des Militärs. L: Knaurs Lexikon der Symbole 2000 S. 111. <u>Dargestellt auf Karten</u>: 010, 014, 018, 033, 037, 039, 040, 049, 051, 061, 062, 063, 066, 067, 073, 075, 077, 079, 081, 087, 089, 091, 097, 102, 103, 104, 105, 109, 112, 129, 133, 137, 141, 143, 145, 147, 148, 152, 155, 159, 164, 174, 181, 182, 183, 187, 188, 189, 190, 191, 193, 197, 206, 207, 208, 209, 210, 211, 216, 218, 220, 221, 222, 224, 269, 292, 296, 302, 311, 317, 319, 324, 326, 327, 328, 332, 333, 334, 336, 344, 346, 348, 359, 362, 365, 372, 373, 374, 377, 378, 379, 381, 383, 386, 388, 391, 392, 393, 395, 403, 404, 420, 422, 425, 439, 440, 442, 443, 448, 454, 455, 456, 466.
Eisernes Kreuz	Preußische Kriegsauszeichnung, die am 10. März 1813 von Friedrich Wilhelm III. für die Dauer des Krieges gegen Napoleon eingesetzt wurde. Wieder wurde das Eiserne Kreuz während des deutsch-französischen Krieges 1870 und des Ersten Weltkrieges 1914–1918 eingeführt. In dieser Form gab es eine bewußte Anlehnung an das Kreuz des Deutschen Ordens. Ganz bewusst wurde auch Metall als Material für diesen Orden gewählt, der unabhängig vom Dienstrang und Stand verliehen werden konnte. Symbolisch steht das Kreuz für die ritterliche Pflichterfüllung und Zurückhaltung eines Soldaten. <u>Dargestellt auf den Karten</u>: 018, 051, 095, 105, 137, 174, 203, 205, 224, 256, 292, 293, 296, 327, 328, 334, 346, 348, 405, 453.
Kleeblatt	Das vierblättrige Kleeblatt ist nicht nur Glückssymbol, es kann auch Symbol des Abschieds sein, dann oft in Verbindung mit Rosen und Veilchen. Vgl. dazu Knaurs Lexikon der Symbole 2000 S. 237. Das Kleeblatt ist vor allem in der Kategorie Glückwunschkarten / Neujahr zu finden, aber auch in der Kategorie 2a (Monarchen), und da, wenn es sich um die Darstellung des Vierbundes handelt: Karten 026, 084, 300. <u>Dargestellt auf Karten</u>: 037, 041, 071, 072, 084, 144, 147, 148, 151, 173, 300, 318, 371, 395, 403, 444, 454.
Kornblume	Die Kornblume hat in Deutschland einen Bedeutungswandel hin zur preußischen Blume genommen, da Kaiser Wilhelm I. diese Blume zu seiner Lieblingsblume auserkor. Nach 1848 wurde die Kornblume Sinnbild des deutschen Nationalismus, der sogenannte „Kornblumentag" wurde in den verschiedenen deutschen Städten am Geburtstag des Kaisers gefeiert. In der Donaumonarchie wurde die Kornblume zum Symbol der deutschnationalen Bewegung. <u>Dargestellt auf den Karten</u>: 297, 419.

Lorbeer	Symbolwert ist der eines Friedens nach dem Sieg über die Feinde; die Siegesgöttin Nike wird mit einem Lorbeerkranz in der Hand dargestellt. L: Knaurs Lexikon der Symbole 2000 S. 270–71. Dargestellt auf den Karten: 010, 014, 017, 026, 032, 037, 039, 040, 045, 046, 051, 054, 058, 059, 062, 070, 071, 072, 073, 075, 079, 080, 081, 087, 090, 091, 092, 096, 097, 098, 102, 106, 112, 113, 129, 138, 146, 150, 174, 180, 181, 181, 183, 192, 193, 194, 195, 196, 197, 198, 201, 203, 205, 207, 212, 214, 215, 217, 218, 219, 223, 235, 296, 302, 306, 309, 330, 333, 334, 335, 336, 340, 344, 346, 348, 365, 372, 373, 374, 383, 388, 391, 392, 394, 400, 404, 405, 410, 415, 419, 432, 436, 440, 442, 443, 444, 453, 456, 470.
Löwe	Tierisches Herrschaftssymbol; er ist in der europäischen Heraldik neben dem Adler das am häufigsten vorkommende Wappentier. Er verkörpert Kriegstugend und Macht. L: Knaurs Lexikon der Symbole 2000 S. 273–275. Dargestellt auf Karten: 024, 091, 102.
Nelke	Die Nelke bedeutet symbolisch u. a. Liebe und Mut. Vgl. Heilmeyer 2002 S. 58. Im Türkischen ein Glückssymbol. Knaurs Lexikon der Symbole 2000 S. 305. Dargestellt auf Karte 382.
Ölzweig	Friedenssymbol, oft gekoppelt mit Tauben L: Knaurs Lexikon der Symbole 2000 S. 315–316 Dargestellt auf Karten: 049, 051, 077, 078, 083, 385, 436.
Pickelhaube	Die deutsche Pickelhaube wurde während des Ersten Weltkriegs zu einem furchteinflößenden Symbol, das mit dem wilhelminischen Deutschland identifiziert wurde.
Rose	Symbol der Liebe, die über den Tod hinausreicht L: Knaurs Lexikon der Symbole 2000 S. 365–367. Dargestellt auf Karten: 138, 144 (Heckenrose), 158, 330, 347, 368, 407, 456.
Schwert	Symbol der vitalen Kraft L: Knaurs Lexikon der Symbole 2000 S. 396–398. Dargestellt auf Karten: 024, 082, 209, 337, 373, 394, 395.
Sonne	Die Sonnensymbolik hat den Sinn, den Anbruch einer neuen, friedlich-paradiesischen Zeit zu verkünden. Es ist also ein Symbol für die Hoffnung auf den Frieden. Dargestellt auf Karten: 033, 077, 089, 138, 182, 192, 195, 288, 299, 340, 326, 327, 346.
Taube	Symbol für den Frieden; der Vogel ist auch als Friedensallegorie zu betrachten. L: Knaurs Lexikon der Symbole 2000 S. 436–437 Dargestellt auf Karten: 385, 436.

Veilchen	Beliebtes Frühlingssymbol, ebenfalls geschätzte Liebesgabe. In der deutschen Sage ist das Veilchen eine Wunderblume, die verborgene Schätze anzeigt. Dies ist vielleicht der Grund, warum sie in der vorliegenden Sammlung v. a. auf Neujahrskarten zu finden ist. L: Knaurs Lexikon der Symbole 2000 S. 458–459 Dargestellt auf Karten: 144, 151, 318.
Vergissmeinnicht	Symbol der Liebe und Erinnerung. Dargestellt auf Karten: 052, 318.

Tabelle 3: Postkarten, eingeteilt nach Kategorien

Kategorie	Kartennummer
1 Vexillologie – Heraldik	Primär: 104 Sekundär: 172
1a Fahnen allgemein	Primär: 010, 014, 018, 062, 063, 105, 113, 180, 181, 183, 184, 185, 186, 187, 188, 189, 190, 191, 192, 193, 196, 197, 198, 199, 200, 201, 202, 208, 209, 210, 211, 214, 215, 217, 218, 219, 220, 221, 222, 223, 233, 234, 235, 292, 301, 306, 311, 317, 319, 322, 333, 336, 346, 365, 374, 379, 383, 386, 392, 407, 415, 420, 422, 442, 451, 455, 466. Sekundär: 001, 005, 008, 017, 024, 026, 029, 032, 036, 037, 038, 039, 040, 041, 045, 046, 050, 051, 053, 054, 057, 059, 060, 065, 066, 067, 069, 070, 071, 072, 073, 075, 080, 081, 082, 087, 090, 091, 098, 102, 103, 108, 110, 111, 114, 118, 119, 120, 127, 131, 135, 136, 140, 141, 142, 143, 145, 146, 147, 148, 149, 150, 151, 154, 155, 156, 157, 158, 159, 160, 161, 162, 163, 164, 165, 166, 167, 168, 169, 170, 171, 172, 173, 174, 175, 176, 177, 178, 203, 205, 213, 224, 256, 259, 293, 294, 295, 298, 318, 303, 309, 310, 315, 316, 320, 321, 324, 325, 326, 327, 328, 331, 344, 345, 348, 358, 359, 366, 369, 370, 371, 372, 377, 378, 388, 391, 395, 396, 397, 399, 403, 404, 405, 408, 425, 427, 432, 437, 439, 440, 441, 443, 444, 448, 449, 450, 453, 454, 456, 461, 472.
1b Gedichte	Primär: 112, 137, 182, 194, 207, 373, 393, 394, 398, 457. Sekundär: 058, 064, 138, 179, 206, 212, 288, 299, 302, 323, 330, 334, 337, 340, 347, 362, 368, 410, 436, 400, 470.

1c Blumen	061, 144, 216, 297, 382, 419.
1d Tiermetaphorik: Adler, Taube	042, 095, 097, 106, 109, 117, 138, 195, 251, 258, 296, 299, 323, 329, 330, 381, 385, 424, 436, 447.
2 Repräsentanten	
2a Monarchen	<u>Primär:</u> 026, 028, 033, 074, 075, 076, 077, 078, 079, 080, 081, 082, 083, 084, 085, 086, 087, 088, 089, 090, 091, 092, 093, 094, 095, 096, 097, 099, 100, 101, 102, 226, 230, 272, 282, 283, 284, 285, 288, 289, 296, 302, 309, 315, 332, 356, 357, 376, 424. <u>Sekundär:</u> 029, 049, 457, 253, 254, 255, 260, 261, 262, 253, 264, 265, 266, 267, 268, 269, 270, 271, 274, 290, 300, 312, 313, 341, 381.
2b Politiker/Heerführer/Generäle	030, 051, 089, 095, 116, 275, 276, 277, 278, 279, 280, 307, 342, 343, 348, 472.
2c historische Gestalten (= St. Georg, Prinz Eugen), Nationaldenkmäler (= Brandenburger Tor, Kyffhäuser) und nationale Mythen (= Nibelungenlied, Wacht am Rhein)	034, 082, 089, 204, 337, 424.
2d Personifikationen und Allegorien (= Austria, Germania, Justitia etc.)	030, 083, 097, 100, 298, 302, 308 .
3 An der Front 1	
3a Soldaten, Bundesbrüderschaft	013, 019, 021, 023, 024, 027, 032, 043, 057, 058, 059, 060, 064, 069, 079, 097, 126, 127, 128, 129, 130, 132, 133, 134, 135, 153, 167, 203, 252, 257, 272, 281, 295, 384, 412, 424, 446, 457.
3b Der Kriegsschauplatz, im Felde	034, 046, 070, 078, 089, 091, 095, 096, 102, 131, 179, 251, 293, 294, 298, 337, 340, 394, 399.
3c Kriegsgeräte	094, 095, 129, 131, 340.
3d Italien	043, 044, 251, 252.
4 An der Front 2 – Anlass- und Ereigniskarten	
4a Beitritt der Türkei	024, 032, 064, 125, 130, 139, 245, 398, 421, 465.
4b Verkündigung des Dschihad	246, 248, 468.
4c Dardanellen / Gallipoli / Bosporus	003, 021, 236, 237, 238, 239, 242, 314, 349, 351, 352, 410, 423, 433.

10 Glückwunsch- und Grußkarten	
10a Weihnachten	017, 038, 140, 141, 303, 316, 325, 344, 370, 397, 432, 469.
10b Neujahr	036, 037, 041, 072, 104, 142, 143, 145, 146, 147, 148, 149, 150, 151, 152, 153, 200, 300, 318, 337, 371, 372, 425, 454.
10c Ostern	008, 013, 020, 052, 054, 065, 068, 069, 159, 160, 161, 162, 163, 164, 165, 166, 167, 168, 169, 170, 320, 324, 359, 395, 400, 403, 411, 440.
10d Pfingsten	066, 067, 144, 154, 358, 366, 437.
10e Krampus	228.
10f Namenstag und Geburtstag	155, 156, 157, 158, 326, 441.
11 Materialkarten – Varia (handgemalt, Vignetten, mechanisch, etc.)	047, 103, 137, 159, 224, 286, 287, 320, 357, 359, 377, 378, 399, 408, 434, 470.

Tabelle 4: Türkische Attribute

Attribut	Darstellung auf Karten
Fez (Weder der Sultan noch andere offizielle Repräsentanten mit Fez sind in dieser Kategorie enthalten)	002, 003, 004, 006, 007, 011, 012, 013, 015, 016, 019, 020, 021, 031, 032, 035, 043, 048, 053, 055, 057, 058, 059, 060, 064, 068, 069, 104, 107, 108, 115, 118, 119, 120, 121, 122, 123, 125, 128, 126, 129, 130, 133, 139, 152, 153, 167, 227, 249, 252, 291, 305, 308, 321, 338, 348, 360, 361, 362, 363, 364, 375, 380, 384, 387, 389, 401, 409, 411, 413, 416, 417, 421, 427, 428, 429, 430, 431, 434, 435, 438, 445, 448, 452, 458, 459, 460, 461, 462, 463, 464, 465, 469
grüne Fahne (religiöse Bedeutung)	001, 091, 100, 102, 137, 149, 223, 245, 258, 315, 465
Halbmond (und Stern) unabhängig gebraucht	031, 042, 116, 335, 367, 389, 421, 445, 451, 460
Hilāl (auf Fahnenmast)	001, 017, 040, 052, 063, 070, 072, 100, 106, 108, 120, 127, 137, 143, 144, 147, 149, 151, 183, 189, 193, 195, 197, 200, 208, 209, 210, 211, 214, 217, 218, 222, 223, 224, 235, 245, 248, 251, 289, 297, 306, 307, 310, 317, 323, 329, 332, 336, 344, 346, 359, 377, 378, 382, 385, 391, 400, 404, 424, 436, 439, 442, 448, 449, 465, 466
Kalpak (Fellmütze)	056, 132, 134, 412
Kılıç (Krummsäbel)	002, 025, 122, 249, 458, 460
Krummnase	004, 021, 367, 384, 413, 414, 417, 434, 463, 467, 471

Attribut	Darstellung auf Karten
Nargile/Rauchwaren	025, 048, 055, 409, 428, 446
Schnauzbart	013, 015, 020, 021, 035, 057, 058, 059, 060, 064, 069, 126, 128, 129, 130, 134, 153, 167, 252, 291, 308, 309, 364, 412, 459
Traditionelle Bekleidung	002, 004, 025, 027, 227, 228, 417, 428, 465, 471
Tuğ (Rossschweif)	106, 183, 197, 317, 329, 336, 385, 404, 442
Turban	025, 228, 246, 247, 464, 468, 471
Türkischer Honig	363
Vollbart	025, 227, 363, 464

ANHANG B

Legende zur Übersichtstabelle:

a	an Soldat geschrieben
BE	Belgien
c	color
D	Deutschland
D?	wahrscheinlich Deutschland
FR	Frankreich
GB	England
HU	Ungarn
I	Italien
k. A.	keine Angabe
n. a.	nicht angegeben
n. b.	nicht bekannt
n. l.	nicht leserlich
n. s.	nicht signiert
n. v.	nicht vorhanden
o. J.	ohne Jahr
Ö	Österreich
Ö?	wahrscheinlich Österreich
s	von Soldat geschrieben
sw	schwarzweiß
S	Serbien
Sn.	Seriennummer
TR	Türkei
ü	(Nachrichten) über (andere) Soldaten
?	fraglich
??	konnte nicht gelesen/geklärt werden
|	Im Original wird eine neue Zeile begonnen
||	Im Original wird eine neue Strophe begonnen

Nr	Motiv	Verlag	Nr.	Ort	Künstler	Farbe	gelaufen	Inhalt
001	9b 1a	WSSB	4925	D	n. s.	c	nein	0
002	9b	A. R.&C. i. B.	723/3	D	WSch	c	nein	0
003	9b 4c	Verlag Novitas G.m.b.H.,	256	D	KRIWUB	c	1915	a
004	6b	I.G.A.-G.M.-Firenze	381	I	n. s.	c	nein	0
005	9b 1a	Stern mit N	912/4	?	F. Kaskeline	c	1916	s
006	9b	A. R.& C. i. B.	710/3	D	Carl Diehl	c	nein	0
007	9b 6a	M. Munk, Wien	1040	Ö	P. Ebner	c	nein	0
008	10c 1a	Offizielle Karte für Rotes Kreuz…	53d	Ö	n. s.	c	nein	0
009	6a	S & G S.i.B.	728	D	Hans Zakl	c	nein	0
010	1a	B.K.W.I	3165-3	Ö	n. s.	c	1916	a
011	9b	BD (= B. Dondorf)	732	D	n. s.	c	nein	0
012	9b	EAS	960/1	D	n. s.	c	nein	0

Nr	Motiv	Verlag	Nr.	Ort	Künstler	Farbe	gelaufen	Inhalt
013	3a 10c 5a	Offizielle Karte für Rotes Kreuz …	53c	Ö	n. s.	c	1915	z
014	1a	S.V.D.	3067/3	D	n. s.	c	1917	a
015	6a 4g	EAS	622	D	n. s.	c	nein	0
016	6b	SAM?	2880-6	I/FR	n. s.	c	1915	z
017	10a 1a	Joh. Lüneburg, Frankfurt a. M.	560	D	n. s.	c	1917	s
018	1a	k. A.	k. A.	?	n. s.	c	1918	z ü
019	3a 5a 8	D?	k. A.	D	n. s.	c	nein	0
020	10c 6a	Karnisch-Julische Kriegszeitung	Feldpost 606	Ö	Gaal F.	c	1916	s
021	3a 4c	Sächsische Verlagsanstalt G.m.b.H.	332a	D	A. Bredel?	sw	nein	0
022	9a	Albert Fink Berlin	873	D	n. s.	c	1916	a
023	3a	Roter Halbmond	k. A.	TR	n. s.	c	nein	0
024	3a 4a 1a	B.K.W.I	259-71	Ö	n. s.	c	nein	0

Nr	Motiv	Verlag	Nr.	Ort	Künstler	Farbe	gelaufen	Inhalt
025	6a 4g	EAS	620	D	n. s.	c	nein	0
026	2a 1a	C.H.W.	2398	Ö	A. Hartmann	c	nein	0
027	3a	M. Munk, Wien	1073	Ö	Max Millak?	c	nein	0
028	2a	Verlag v. Knackstedt & Co, Hamburg	k. A.	D	n. s.	sw	nein	0
029	5c 2a 1a	Brüder Lazar, Wien 1; Verlag Otto Kegel	keine	D, Ö	K.A.Koch	c	n. l.	z
030	2b 2d	O.K.W.	4032	Ö	n. s.	c	nein	0
031	9b 5a	Verlag Novitas G.m.b.H., Berlin	244	D	KRIWUB	c	nein	0
032	3a 4a 1a	B.K.W.I	259-67	Ö	n. s.	c	n. l.	z
033	2a	NPG	5377	D	n. s.	c	nein	0
034	2c 3b	k. A.	k. A.	Ö	Ludwig Koch	sw	1915	z ü
035	6a	V.K.K.V. Berlin SW 68	k. A.	D	F. Binderenli?	c	nein	0
036	10b 8 1a	ASM	1487	D?	n. s.	c	1916	z

Nr	Motiv	Verlag	Nr.	Ort	Künstler	Farbe	gelaufen	Inhalt
037	10b 1a	S.V.D.	3117/2	D	n. s.	c	1917	a
038	10a 1a	M.Munk, Wien	1027	Ö	n. s.	c	1916	a
039	9c 1a	S.V.D.	6014/6	D	n. s.	c	1916	s
040	9a 1a	S.V.D.	6015/5	D	n. s.	c	1916	z
041	9c 10b 1a	S.V.D.	6028/3	D	n. s.	c	1916	s
042	1d	k. A.	k. A.	?	Ida Paulin	c	1915	z
043	3a 3d 6a	C.H.W. VIII	2358	Ö	A. Hartmann	sw	1915	z
044	3d	Z.W.I./J.K.W.	k. A.	Ö	n. s.	sw	1915	z
045	4g 1a	EAS	618	D	n. s.	c	1915	z
046	3b 1a	B.K.W.I	259-155	Ö	Alice Gassner	c	1917	s
047	11	Briefmarke!				c	n. l.	z
048	6a	k. A.	k. A.	?	n. s.	c	1916	s

Nr	Motiv	Verlag	Nr.	Ort	Künstler	Farbe	gelaufen	Inhalt
049	7 2a	k. A.	k. A.	Ö	n. s.	c	1916	s
050	5c 1a	Verlag von Karl Gebauer, Friedland i.B.	k. A.	D	n. s.	c	1917	z
051	2b 1a	K.A.P.	240	Ö?	n. s.	c	1917	a
052	10c	B.N.K.	7595 7596	D	n. s.	c	1916	z
053	9b 1a	GMT	k. A.	D?	P.O.E.	c	nein	0
054	10c 1a	M.B.L.	3150	D	n. s.	c	nein	0
055	9b	Amag	328	?	n. s.	c	1916	s
056	9b	H & S B	k. A.	D?	n. s.	c	1917	s
057	3a 1a	B.K.W.I	301-8	Ö	B Belavary R. J.	c	nein	0
058	3a 1b	EMM (n. a.)	136	?	F	c	1917	s
059	3a 1a	Albert Fink Berlin	863	D	n. s.	c	nein	0
060	3a 1a	Ottmar Zieher, München	84	D	F.	c	1917	s

Nr	Motiv	Verlag	Nr.	Ort	Künstler	Farbe	gelaufen	Inhalt
061	1c	G.O.M.	2286	?	n. s.	c	nein	0
062	1a	S.V.D.	3082/4	D	n. s.	c	1918	a
063	1a	M.S.i.B.	238 241	D	n. s.	c	1915	a
064	3a 1b 4a	L.K.	114	Ö?	F. Gareis	sw	k. A.	s
065	10c 1a	Offizielle Karte für Rotes Kreuz …	53f	Ö	n. s.	c	nein	0
066	10d 1a	WB & Co	3145	Ö?	n. s.	c	1916	a
067	10d 1a	WB & Co	3145	Ö?	n. s.	c	1917	s
068	10c 9b	T.S.N.	1534	D	P.O.E.	c	1916	a
069	10c 3a 1a	Offizielle Karte für Rotes Kreuz …	52-1	Ö	n. s.	c	n. l.	z
070	3b 1a	M.S.i.B.	262	D	n. s.	c	nein	0
071	9a 1a	S.V.D.	6017/2	D	n. s.	c	1915	s
072	9a 10b 1a	S.V.D.	6019/2	D	n. s.	c	1917	s

Nr	Motiv	Verlag	Nr.	Ort	Künstler	Farbe	gelaufen	Inhalt
073	5c 1a	k. A.	k. A.	Ö	n. s.	c	1916	a
074	2a	Brüder Kohn Wien	247/1	Ö	G.U.?	c	nein	0
075	2a 1a	LP	2279	Ö?	n. s.	c	1916	s
076	2a	NPG	5425 / 6059	D	n. s.	sw	1917	s
077	2a	NPG	6085	D	n. s.	sw	nein	0
078	2a 3b	NPG	6071	D	n. s.	sw	nein	0
079	2a 3a	LP	2276	Ö?	n. s.	c	nein	0
080	2a 5a 1a	Verlag Photochemie, Berlin	3615	D	n. s.	c	nein	0
081	2a 1a	R.B.W. II	211	Ö	n. s.	c	nein	0
082	2a 2c 1a	B.K.W.I	752-55	Ö	Willy Stieborsky	c	nein	0
083	2a 2d	LOGO eines reitenden Mannes	238 - 1916	Ö	J. Hart	c	nein	0
084	2a	O.K.W.	4024	Ö	n. s.	c	nein	0

Nr	Motiv	Verlag	Nr.	Ort	Künstler	Farbe	gelaufen	Inhalt
085	2a 4g	O.K.W.	4022	Ö	n. s.	c	1916	a
086	2a	NPG	5370	D	n. s.	sw	nein	0
087	2a 1a	Verlag Photochemie, Berlin	3603	D	n. s.	c	1915	a
088	2a 5a	J. Löwy Wien 1916	481	Ö	n. s.	sw	n. l.	z
089	2a 2b 2c 3b	A. Kosel, Lugau	k. A.	D	n. s.	c	1916	s
090	2a 1a	B.K.WI	752-44	Ö	A. Hartmann	c	nein	0
091	2a 3b 1a	LOGO eines reitenden Mannes	57-1915	Ö	W?	c	1915	z
092	2a	H.H.i.W.	1481	Ö	K. Zischek Wien	c	nein	0
093	2a	Verlag Simon Kattan, Sarajewo	17405	BiH	n. s.	c	1915	z
094	2a 3c	K.F.G.	46	Ö	F. W. Frankel Graz	sw	1915	z ü
095	2a 2b 1d 3b 3c	Dreibundverlag Ludwig Lazarsfeld	k. A.	D	n. s.	sw	n. l.	z
096	2a 3b	MR?	k. A.	D?	n. s.	sw	1915	s

Nr	Motiv	Verlag	Nr.	Ort	Künstler	Farbe	gelaufen	Inhalt
097	2a 2d 1d 3a	LOGO eines reitenden Mannes	15-1915	Ö	n. s.	sw	1915	s
098	9b 1a	ASM	1516	D?	n. s.	c	nein	o
099	2a 4f	Verlag Buchdruckerei „Industrie"	k. A.	Ö	n. s.	c	1918	z
100	2a 2d	B.L.W.I	650	Ö	n. s.	c	1916	z
101	2a	I.T.W. III 1914	13	Ö	n. s.	sw	1915	z
102	2a 3b 1a	LOGO eines reitenden Mannes	57-1916	Ö	n. l.	c	1916	s
103	9b 11 1a	k. A.	k. A.	?	n. s.	c	nein	o
104	9b 10b	WB & Co	3235	Ö?	n. s.	c	1917	z
105	1a	W & N AG L.	k. A.	D	n. s.	c	1916	s ü
106	1d	B.N.K.	7580	D	n. s.	c	n. l.	z
107	6a	CA & Co	k. A.	D	n. s.	sw	nein	o
108	9b 1a	WSSB	4993	D	n. s.	c	1918	s

Nr	Motiv	Verlag	Nr.	Ort	Künstler	Farbe	gelaufen	Inhalt
109	7 1d	k. A.	k. A.	?	n. s.	c	nein	0
110	7 1a	Offizielle Karte für Rotes Kreuz …	2	Ö	A. Gassner?	c	1917	s
111	9d 1a	C.& E. Grosser, Linz	k. A.	Ö	n. s.	c	nein	0
112	1b	S.V.D.	3067/1	D	n. s.	c	1916	z
113	1a	Gurschner Wien VII/2	k. A.	Ö	n. s.	c	1918	s
114	5c 1a	Offizielle Karte für Rotes Kreuz …	265	Ö	Geo Gerlach	c	1916	z
115	4e	Offizielle Karte für Rotes Kreuz …	65	Ö	K. n. l.	c	nein	0
116	7 2b	k. A.	k. A.	?	Haller	sw	1915	s
117	1d	k. A.	k. A.	?	E. Stiftler	sw	nein	0
118	9b 1a	B.K.W.I	169-1	Ö	K. Feiertag	c	1918	z
119	9b 1a	T.S.N.	1532-3	D	P.O.E.	c	1916	z
120	9b 1a	HWB	886	D	n. s.	c	1916	z

Nr	Motiv	Verlag	Nr.	Ort	Künstler	Farbe	gelaufen	Inhalt
121	9b	Rotophot, Budapest VI	k. A.	HU	Poly? n. l.	c	nein	o
122	9b	B. Dondorf G.m.b.H. Frankfurt a. M.	731	D	n. s.	c	nein	o
123	9b	B.K.W.I	169-3	Ö	K. Feiertag	c	nein	o
124	9b	B.W.K.W.VI/2	31-1916	Ö	HMS	c	1917	z
125	9b 4a	CA & Co	39	D	P.O.E.	c	1915	z
126	3a	O.K.W.	4025	Ö	n. s.	c	nein	o
127	3a 1a	EMM	137	?	F.	c	nein	o
128	3a	B.K.W.I	k. A.	Ö	Ranzenhofer	sw	1915	z
129	3a 3c	LP	2280	Ö?	n. s.	c	nein	o
130	3a 4a	M.M.S.W. III/2	2658	Ö	n. s.	c	1915	a
131	3b 3c 1a	B.K.W.I	259-61	Ö	B Belavary R.J.	c	1915	s
132	3a	Offizielle Karte für Rotes Kreuz …	369	Ö	F. Kuderna	c	1916	a

Nr	Motiv	Verlag	Nr.	Ort	Künstler	Farbe	gelaufen	Inhalt
133	3a	B.K.W.I	259-59	Ö	n. s.	c	n. l.	s
134	3a	Offizielle Karte für Rotes Kreuz …	370	Ö	F. Schönpflug	c	nein	0
135	3a 1a	Offizielle Karte für Rotes Kreuz …	372	Ö	F. Kuderna	c	1916	s
136	9a 1a	Offizielle Karte für Rotes Kreuz …	217	Ö	n. s.	c	1916	a
137	1b 11	k. A.	k. A.	Ö?	der große Alfred	c	1915	s
138	1d 1b	H & S B	1954	D?	n. s.	c	1915	a
139	4a	J.C. König & Ebhardt Hannover	1	D	Heinz Keune	c	1914	z
140	10a 5c 1a	M.S.i.B.	1424 Weihn.	D	n. s.	c	1916	z
141	10a 1a	SB	2764	?	n. s.	c	nein	0
142	10b 8 9b 1a	M.S.i.B.	1442	D	n. s.	c	1916	z
143	10b 8 1a	M.S.i.B.	1436	D	n. s.	c	1916	z
144	10d 1c	HWB	911	D	n. s.	c	1916	s

Nr	Motiv	Verlag	Nr.	Ort	Künstler	Farbe	gelaufen	Inhalt
145	10b 1a	M.S.i.B.	1470	D	n. s.	c	nein	0
146	10b 1a	S.V.D.	3115/3	D	n. s.	c	1916	z
147	10b 9a 1a	S.V.D.	6019/6	D	n. s.	c	1915	z
148	10b 9a 1a	S.V.D.	6029/4	D	n. s.	c	1917	a
149	10b 1a	B.K.W.I	259-60	Ö	n. s.	c	1914	z
150	10b 1a	SAB	309	D	n. s.	c	1915	z
151	10b 1a	S.V.D.	3042	D	n. s.	c	1915	a
152	10b	B.K.W.I	259-59	Ö	n. s.	c	nein	0
153	10b 3a	B.K.W.I	3171-2	Ö	Fritz Schönpflug	c	1916	a
154	10d 1a	PP	k. A.	?	n. s.	c	1916	z
155	10f 1a	SB	2735	?	n. s.	c	1915	z
156	10f 1a	PP	k. A.	?	n. s.	c	nein	0

Nr	Motiv	Verlag	Nr.	Ort	Künstler	Farbe	gelaufen	Inhalt
157	10f 1a	PP	k. A.	?	n. s.	c	nein	o
158	10f 1a	B.N.K.	7680	D	n. s.	c	1918	a
159	10c 11 1a	B.K.W.I	4693-4	Ö	E. Huyer	c	nein	o
160	10c 1a	B.N.K.	7370?	D	n. s.	c	1917	z
161	10c 1a	Offizielle Karte für Rotes Kreuz …	379	Ö	Lipp	c	1916	a
162	10c 1a	Offizielle Karte für Rotes Kreuz …	383	Ö	Lipp	c	k. A.	z
163	10c 1a	Offizielle Karte für Rotes Kreuz …	381	Ö	Lipp	c	1916	s
164	10c 1a	Feldpresse der Detail Abt. des OOK	k. A.	Ö	A. Neumann	c	nein	o
165	10c 1a	PP	k. A.	?	n. s.	c	nein	o
166	10c 1a	Offizielle Karte für Rotes Kreuz …	377	Ö	Lipp	c	nein	o
167	10c 3a 1a	k. A.	k. A.	?	E.M.	c	nein	o
168	10c 1a	Offizielle Karte für Rotes Kreuz …	385	Ö	Lipp	c	1916	a

Nr	Motiv	Verlag	Nr.	Ort	Künstler	Farbe	gelaufen	Inhalt
169	10c 1a	Offizielle Karte für Rotes Kreuz …	380	Ö	Lipp	c	1916	z ü
170	10c 1a	Offizielle Karte für Rotes Kreuz …	382	Ö	Lipp	c	1916	z
171	9d 1a	Schwarz, Goldschmidt & Co	k. A.	D	K. A. Wilke	c	nein	0
172	5c 1a	Verlag Alois Wild, Innsbruck?	k. A.	Ö	n. s.	c	1917	z
173	5c 1a	H & S B	k. A.	D?	n. s.	c	1917	z
174	5c 1a	Waldviertler Verlag F.P.G.11	k. A.	Ö	n. s.	c	nein	0
175	5c 1a	T.J.i.A.	k. A.	D	n. s.	c	nein	0
176	5c 1a	Verlag Alois Wild, Innsbruck	k. A.	Ö	n. s.	c	1917	s
177	5c 1a	B.K.W.I	259-128	Ö	Geo Gerlach	c	n. l.	z
178	5c 1a	Offizielle Karte für Rotes Kreuz …	253	Ö	F. Witt	c	nein	0
179	3b 1b	„Ross" Bromsilber Vertriebsgesellschaft	64	D	n. s.	c	1916	s
180	1a	G.O.M.	k. A.	?	n. s.	c	1915	s

Nr	Motiv	Verlag	Nr.	Ort	Künstler	Farbe	gelaufen	Inhalt
181	1a	H.H.i.W.	1389	Ö	n. s.	c	1915	s ü
182	1b	S.V.D.	1285	D	n. s.	c	k. A.	z
283	1a	B.K.W.I	262-3	Ö	Erwin Grauner	c	nein	0
184	1a	k. A.	k. A.	?	n. s.	c	nein	0
185	1a	Verlag von Nikolaus Jekel	39	Ö	n. s.	c	1914	s
186	1a	T.S.N.	1500-9	D	n. s.	c	nein	0
187	1a	S.V.D.	3026/1	D	n. s.	c	1917	s
188	1a	M.S.i.B.	267	D	n. s.	c	1916	a
189	1a	M.S.i.B.	255	D	n. s.	c	1916	z
190	1a	B.N.K.	7556	D	n. s.	c	1918	a ü
191	1a	M.S.i.B.	266	D	n. s.	c	nein	0
192	1a	A. Luigard Wien	k. A.	Ö	Georg Berger	c	1915	z

Nr	Motiv	Verlag	Nr.	Ort	Künstler	Farbe	gelaufen	Inhalt
193	1a	M.S.i.B.	255	D	n. s.	c	nein	o
194	1b	k. A.	k. A.	?	n. s.	c	1915	z ü
195	1d	S.G.N.	k. A.	D	n. s.	c	k. A.	z
196	1a	G.O.M.	18	?	n. s.	c	nein	o
197	1a	B.N.K.	7556	D	n. s.	c	n. l.	z
198	1a	W & N AG L.	557	D	n. s.	c	nein	o
199	1a	PP	k. A.	?	n. s.	c	nein	o
200	1a 10b	Szénásy Béla Budapest	k. A.	HU	n. s.	c	1916	z
201	1a	M.S.i.B.	267	D	n. s.	c	nein	o
202	1a	PP	k. A.	?	n. s.	c	nein	o
203	5b 3a 1a	Sächsische Verlagsanstalt G.m.b.H.	7025	D	n. s.	c	1916	s
204	2c	Witwen- und Waisenfond in Stockerau	k. A.	Ö	n. s.	sw	1915	a

Nr	Motiv	Verlag	Nr.	Ort	Künstler	Farbe	gelaufen	Inhalt
205	5c 1a	Waldviertler Verlag F.P.G.11	k. A.	Ö	n. s.	c	1916	s
206	9a 1b	S.V.D.	1160	D	n. s.	c	1916	s
207	1b	SAB	842	D	n. s.	c	1916	s
208	1a	M.S.i.B.	290	D	n. s.	c	nein	0
209	1a	M.S.i.B.	290	D	n. s.	c	nein	0
210	1a	M.S.i.B.	290	D	n. s.	c	nein	0
211	1a	M.S.i.B.	277	D	n. s.	c	1917	z
212	4g 1b	EAS	616	D	n. s.	c	1915	z ü
213	9e 1a	H. Bahlsens Keksfabrik Hannover	k. A.	D	CoC1916	c	1917	s
214	1a	HWB	889	D	n. s.	c	1916	a
215	1a	k. A.	k. A.	?	n. s.	c	nein	0
216	1c	LP	5829/VI	Ö?	n. s.	c	1917	a

Nr	Motiv	Verlag	Nr.	Ort	Künstler	Farbe	gelaufen	Inhalt
217	1a	M.S.i.B.	285/3	D	n. s.	c	nein	o
218	1a	M.S.i.B.	266	D	n. s.	c	1915	z
219	1a	T.S.N.	1500-8	D	n. s.	c	nein	o
220	1a	Wiener Rotophot Wien III	183	Ö	n. s.	c	1915	s
221	1a	M.S.i.B.	255	D	n. s.	c	1916	a
222	1a	M.S.i.B.	290	D	n. s.	c	nein	o
223	1a	B.K.W.I	259-60	Ö	AD	c	nein	o
224	11 1a	k. A.	k. A.	?	n. s.	c	1918	z
225	5a 6	KEB	k. A.	CH	n. s.	c	nein	o
226	6b 2a	Král.Vinohrady	k. A.	CZ	n. s.	sw	nein	o
227	6a 5a	B.K.W.I	537-5	Ö	Rud. Kristen	c	nein	o
228	6a 10e	Georg Wagrandl	k. A.	Ö	C.B.	c	nein	o

Nr	Motiv	Verlag	Nr.	Ort	Künstler	Farbe	gelaufen	Inhalt
229	6a	F. Kugler Berlin und J. Mayer & Co Wien	k. A.	D, Ö	n. s.	c	1916	z
230	6b 2a	Král.Vinohrady	k. A.	CZ	FZO?	c	nein	o
231	5a	L.M.W IX	k. A.	Ö	n. s.	sw	nein	o
232	5a	B.K.W.I	k. A.	Ö	n. s.	sw	nein	o
233	1a	HWB	271	D	n. s.	c	nein	o
234	1a	HWB	272	D	n. s.	c	1915	z
235	1a	CT	3800.4	D?	n. s.	c	1920	z
236	4c	LOGO eines reitenden Mannes	200-1916	Ö	F. Höllerer	c	nein	o
237	4c	E.P. & Co. A.G.L.	CA 128	D	n. l.	c	1915	s
238	4c	LOGO eines reitenden Mannes	154-1915	Ö	F. Höllerer	c	n. l.	z
239	4c	Österreichischer Flottenverein	F.50	Ö	Harry Heusser	c	1917	a
240	4d	B.K.W.I	259-129	Ö	Alice Gassner	c	nein	o

Nr	Motiv	Verlag	Nr.	Ort	Künstler	Farbe	gelaufen	Inhalt
241	4f	Ostmark, Bund deutscher Österreicher	147	Ö	R. Kargl	c	1916	a
242	4c	NPG	332	D	n. s.	sw	1915	s
243	8	Österreichischer Flottenverein…	k. A.	Ö	Harry Heusser	c	nein	o
244	4f	NPG	330	D	n. s.	sw	nein	o
245	4a	Kriegsfürsorgeamt Wien IX	48/4	Ö	n. s.	c	nein	o
246	4b	Reichsverband deutscher Veteranen E.V.	k. A.	D	C. Schaller	sw	nein	o
247	4f	Reichsverband deutscher Veteranen E.V.	k. A.	D	Curt Schulz	sw	1915	z
248	4b	B.K.W.I	259-109	Ö	B Belavary R.J.	c	1915	z
249	6a 9b	CA & Co	49	D	P.O.E.	c	1916	z
250	4f	k. A.	k. A.	TR?	n. s.	c	nein	o
251	1d 3b 3d	WB & Co	3097	Ö?	n. s.	c	1915	z
252	3a 3d	C.H.W. VIII	3227 1915	Ö	A. Hartmann	c	1915	a ü

Nr	Motiv	Verlag	Nr.	Ort	Künstler	Farbe	gelaufen	Inhalt
253	7 2a	Ernst Klementschitz, Graz	k. A.	Ö	n. s.	c	n. l.	a ü
254	7 2a	Alois Löw, Graz	k. A.	Ö	n. s.	c	1916	s
255	7 2a	k. A.	k. A.	Ö	n. s.	sw	1916	s
256	7 1a	k. A.				c	nein	0
257	7 3a	Blanka Mill	k. A.	Ö	n. s.	c	1917	a
258	7 1d	Offizielle Karte für Rotes Kreuz …	4	Ö	A. Gassner?	c	1917	z
259	7 1a	Offizielle Karte für Rotes Kreuz …	3	Ö	A. Gassner?	c	nein	0
260	7 2a	k. A.	k. A.	Ö?	n. s.	sw	1917	s
261	7 2a	k. A.	k. A.	Ö	n. s.	sw	1916	s
262	7 2a	k. A.	k. A.	Ö?	n. s.	sw	nein	0
263	7 2a	k. A.	k. A.	Ö?	n. s.	sw	1917	s
264	7 2a	k. A.	k. A.	?	n. s.	sw	1916	s

Nr	Motiv	Verlag	Nr.	Ort	Künstler	Farbe	gelaufen	Inhalt
265	7 2a	k. A.	k. A.	Ö	n. s.	sw	1917	s
266	7 2a	k. A.	k. A.	Ö	n. s.	sw	1915	s
267	7 2a	k. A.	k. A.	Ö	n. s.	sw	1916	s
268	7 2a	k. A.	k. A.	Ö	n. s.	sw	1917	s
269	7 2a	k. A.	k. A.	D?	n. s.	sw	n. l.	s
270	7 2a	k. A.	k. A.	Ö?	n. s.	sw	1915	s
271	7 2a	k. A.	k A.	Ö	n. s.	sw	1916	s
272	2a 3a	V. Reform, Wien I	k. A.	Ö	n. s.	sw	1914	z
273	4f	Kriegsfürsorgeamt	k. A.	Ö	Hussein Awni Bey	sw	nein	0
274	7 2a	k. A.	k. A.	Ö	n. s.	sw	1916	s
275	2b	Verlag von Gustav Liersch	k. A.	Ö	n. s.	sw	nein	0
276	2b	W.R.B. & Co Wien	k. A.	Ö	n. s.	c	nein	0

Nr	Motiv	Verlag	Nr.	Ort	Künstler	Farbe	gelaufen	Inhalt
277	2b	BL	4038/22	?	Rud. Schneider 15	c	nein	0
278	2b	Offizielle Karte für Rotes Kreuz …	502	Ö	E. Schmidt	c	nein	0
279	2b	Graphophot G.m.b.H. Berlin	SW 68	D	Bi-Ko	sw	nein	0
280	2b	Brüder Kohn Wien	k. A.	Ö	Phot. Seeblad	sw	1915	z
281	3a	Verband deutscher Krankenpflege	k. A.	D	Lüschwitz-Koreffski	c	nein	0
282	2a	Photo-Verlag N.W.I.1915	705	Ö	n. s.	c	1915	s ü
283	2a	NPG	5212	D	C. Pietzner	sw	nein	0
284	2a	Kriegsfürsorgeamt Wien IX	65/3	Ö	n. s.	sw	nein	0
285	2a	Offizielle Karte für Rotes Kreuz …	752	Ö	n. s.	c	nein	0
286	11	Vignette auf dem Revers!				c	1915	z
287	11	Vignette auf dem Revers!				c	1915	z
288	2a 1b	NPG	5206	D	n. s.	c	nein	0

Nr	Motiv	Verlag	Nr.	Ort	Künstler	Farbe	gelaufen	Inhalt
289	2a	k. A.	k. A.	Ö	n. s.	c	nein	o
290	7 2a	Allg. Druckerei Herrengasse 11	k. A.	Ö	n. s.	sw	1915	z
291	6a	M. Munk, Wien	1085	Ö	Th. Zasche	c	nein	o
292	1a	M.B.L.	5612	D	n. s.	c	1916	z
293	3b 1a 8	Bund der Deutschen in Nieder-Österreich	217	Ö	Sternad	c	nein	o
294	3b 1a 8	Bund der Deutschen in Nieder-Österreich	215	Ö	Sternad	c	nein	o
295	3a 1a	MMB	310	D	A. v. Molnár-Trill	c	1917	z
296	2a 1d	LP	6110/V	Ö?	n. s.	c	1918	s
297	1c	LP	5829/VI	Ö?	n. s.	c	n. l.	a
298	3b 2d 1a	B.K.W.I	259-192	Ö	Alice Gassner	c	nein	o
299	1d 1b	J & S M	174	?	Maxim Trüba	c	1915	a
300	10b 2a	M.M.S.W. III/2	45	Ö	n. s.	sw	nein	o

Nr	Motiv	Verlag	Nr.	Ort	Künstler	Farbe	gelaufen	Inhalt
301	1a	k. A.	k. A.	?	n. s.	c	n. l.	z
302	2a 2d 1b	B.B. & O.L. G.M.B.H.	8754?	?	n. s.	c	n. l.	z
303	10a 1a	M.S.i.B.	1429 Weih.	D	n. s.	c	1916	s
304	8 5c	Kriegsfürsorgeamt Wien IX	k. A.	Ö	Gust. Bitterlich	c	nein	0
305	9b	B.K.W.I	169-10	Ö	Karl Feiertag	c	nein	0
306	1a	Joh. Lüneburg Frankfurt a. M.	k. A.	D	n. s.	c	1915	s
307	4d 2b	NPG	4982	D	n. s.	sw	nein	0
308	2d	ungarisches königl. Kriegsministerium	k. A.	HU	Rinner?	c	nein	0
309	2a 1a	NPG	5035	D	Voigt und Bieber	c	1915	z
310	5c 1a	ASM	1520	D?	E. Schlemann	c	1920	z
311	1a	S.V.D.	3017	D	n. s.	c	1915	a
312	7 2a	k. A.	k. A.	Ö	n. s.	sw	1917	a

Nr	Motiv	Verlag	Nr.	Ort	Künstler	Farbe	gelaufen	Inhalt
313	7 2a	k. A.	k. A.	Ö	n. s.	sw	1916	s
314	4c	Österreichischer Flottenverein…	k. A.	Ö	Harry Heusser	c	nein	0
315	2a 1a	k. A.	k. A.	TR?	n. s.	c	nein	0
316	10a 5c 1a	WSSB	1703	D	n. s.	c	1916	s
317	1a	B.N.K.	7556	D	n. s.	c	k. A.	z
318	10b 1a	S.V.D.	3041	D	n. s.	c	1915	a
319	1a	S.V.D.	3059/3	D	n. s.	c	1916	s
320	10c 11 1a	k. A.	k. A.	?	n. s.	c	1917	z ü
321	9b 1a	BD (= B. Dondorf)	732	D	n. s.	c	1915	a
322	1a	SAB	339	D	n. s.	c	nein	0
323	1d 1b	k. A.	30	D?	n. s.	c	nein	0
324	10c 1a	SAB	352	D	n. s.	c	nein	0

Nr	Motiv	Verlag	Nr.	Ort	Künstler	Farbe	gelaufen	Inhalt
325	10a 9b 1a	S.V.D.	6036/1	D	n. s.	c	1915	a
326	10f 1a	SAB	339	D	n. s.	c	1917	s
327	5b 1a	Sächsische Verlagsanstalt G.m.b.H.	7074	D	n. s.	c	1916	s
328	5b 1a	Sächsische Verlagsanstalt G.m.b.H.	7070	D	n. s.	c	1916	s
329	1d	B.N.K.	7560	D	n. s.	c	1916	s
330	1d 1b	H & S B	1957	D?	n. s.	c	nein	0
331	5c 1a	k. A.	k. A.	D	n. s.	c	1916	a
332	2a	B.K.W.I	k. A.	Ö	Br. Schuhmann	sw	nein	0
333	1a	H.H.i.W.	1389	Ö	n. s.	c	nein	0
334	8 1b	S.G.N.	36	D	n. s.	c	1916	z
335	5a 1a	Hannoverscher Kunstverlag Heinrich Carle	163	D	C. Wenzel	c	1915	s
336	1a	NWB	889	?	n. s.	c	1916	s

Nr	Motiv	Verlag	Nr.	Ort	Künstler	Farbe	gelaufen	Inhalt
337	2c 3b 10b 1b	Ottmar Zieher, München	k. A.	D	F.	c	1916	s
338	9b	WSSB	4955	D	n. s.	c	nein	0
339	5c	Wohlfahrtskarte der Reichs-Spende	k. A.	D	Georg Macco	c	1917	z
340	3b 3c 1b	Neuke & Ostermeier Dresden	7549	D	n. s.	c	nein	0
341	7 2a	k. A.	k. A.	Ö	n. s.	sw	1915	s
342	2b	G.G.W.II	146	Ö	J. n. l.	c	nein	0
343	2b	NPG	5260	D	C. Pietzner	sw	nein	0
344	10a 1a	S.V.D.	3090/2	D	n. s.	c	k. A.	s
345	7 8 9e 1a	k. A.	k. A.	D	n. s.	c	1916	s
346	1a	k. A.	k. A.	?	n. s.	c	n. l.	z
347	9b 1b	M.K.B.	39-1	?	n. s.	c	nein	0
348	2b 9b 1a	W.P.L.	k. A.	D	Toni Aron	c	1915	z

Nr	Motiv	Verlag	Nr.	Ort	Künstler	Farbe	gelaufen	Inhalt
349	4c	Kriegsfürsorgeamt Wien IX	70/4	Ö	n. s.	sw	nein	o
350	4f	Kriegsfürsorgeamt Wien IX	70/3	Ö	n. s.	sw	nein	o
351	4c	Kriegsfürsorgeamt Wien IX	68/5	Ö	n. s.	sw	nein	o
352	4c	Kriegsfürsorgeamt Wien IX	56/1	Ö	n. s.	c	nein	o
353	4f	Kriegsfürsorgeamt Wien IX	31/3	Ö	n. s.	c	nein	o
354	4f	Kriegsfürsorgeamt Wien IX	42/1	Ö	R. Sennecke	c	nein	o
355	4f	Kriegsfürsorgeamt Wien IX	51/1	Ö	n. s.	sw	nein	o
356	2a	S.V.D.	4218/4	D	n. s.	c	nein	o
357	2a 11	Verlag Bruno Hannover, Dresden	k. A.	D	n. s.	sw	nein	o
358	10d 1a	B.N.K.	7660 7661	D	n. s.	c	1918	z
359	10c 11 1a	M.B.L.	162	D	n. s.	c	nein	o
360	8 9b	WSSB	4902	D	n. s.	c	1916	s

Nr	Motiv	Verlag	Nr.	Ort	Künstler	Farbe	gelaufen	Inhalt
361	9b	WSSB	4956	D	n. s.	c	nein	0
362	9b 1b	k. A.	300	?	n. s.	c	1916	s
363	9b	ARC	11	D?	P.O.E.	c	1917	z
364	6a	Paul Schmidt, Berlin	101	D	Bahr	c	nein	0
365	1a	S.V.D.	3066/1	D	n. s.	c	nein	0
366	10d 1a	k. A.	531	?	n. s.	c	nein	0
367	6b	k. A.	k. A.	BE	Asebaert	sw	nein	0
368	9b 1b	M.K.B.	39-4	?	n. s.	c	k. A.	z
369	9b 1a	Verein für Kinder-Volksküchen …	k. A.	D	n. s.	c	nein	0
370	10a 9b 1a	S.V.D.	6037/6	D	n. s.	c	k. A.	s
371	10b 9b 1a	S.V.D.	6022/3	D	n. s.	c	1916	z
372	10b 1a	S.V.D.	3100/4	D	n. s.	c	1919	z

Nr	Motiv	Verlag	Nr.	Ort	Künstler	Farbe	gelaufen	Inhalt
373	1b	G.H. Alp Wengernsee	k. A.	D	n. s.	c	1916	z
374	1a	S.V.D.	3081/3	D	n. s.	c	1917	z
375	9b	B. Dondorf G.m.b.H. Frankfurt a. M.	732	D	n. s.	c	nein	0
376	2a	Stengel & Co Dresden	49257	D	n. s.	c	1916	s
377	11 1a	Emil Bürckner, Leipzig-Pl.	k. A.	D	n. s.	c	1915	z
378	11 1a	Emil Bürckner, Leipzig-Pl.	k. A.	D	n. s.	c	1915	z
379	1a	M.S.i.B.	276	D	n. s.	c	1916	z
380	9b	HWB	862	D	n. s.	c	1916	s
381	2a 1d	A.Oe.i.L.	1214	D	n. s.	c	nein	0
382	1c	LP	3829/I	Ö?	n. s.	c	1916	a
383	1a	S.V.D.	3080/I	D	n. s.	c	1916	z
384	6b 3a	Visé Paris	32	FR	Emil Dupuis	c	nein	0

Nr	Motiv	Verlag	Nr.	Ort	Künstler	Farbe	gelaufen	Inhalt
385	1d	B.N.K.	7777	D	n. s.	c	1916	s
386	1a	Richard Labisch + Co	k. A.	D	n. s.	c	nein	o
387	6b	Tuck's Post Card; Oilette	8484	GB	F. Sancha	c	nein	o
388	9c 1a	S.V.D.	6006/4	D	n. s.	c	n. l.	s
389	4e 6a 9b	A.R. & C.i.B.	718/2	D	CD	c	1915	a
390	6b	Visé Paris	10	FR	n. s.	c	nein	o
391	9a 1a	S.V.D.	6015/2	D	n. s.	c	1917	s
392	1a	S.V.D.	3080/4	D	n. s.	c	nein	o
393	1b	k. A.	26	?	n. s.	c	n. l.	s
394	1b 3b	S.G.N.	31	D	n. s.	c	1917	s
395	10c 1a	M.B.L.	3157	D	n. s.	c	nein	o
396	5c 1a	J. Löw Wien I, Fleischmarkt 18	k. A.	Ö	n. s.	c	nein	o

Nr	Motiv	Verlag	Nr.	Ort	Künstler	Farbe	gelaufen	Inhalt
397	10a 1a	WSSB	30	D	n. s.	c	nein	0
398	1b 4a	GMT	371/2	?	n. s.	c	nein	0
399	3b 11 1a	M.S.i.B.	62	D	n. s.	c	nein	0
400	10c 1b	M.B.L.	3153	D	n. s.	c	nein	0
401	6b	Visé Paris	113	FR	Emil Dupuis	c	nein	0
402	8	M.B.L.	2068	D	Heinr. Hoherty?	c	k. A.	s
403	10c 1a	M.B.L.	3159	D	n. s.	c	nein	0
404	8 1a	B.N.K.	7557	D	n. s.	c	1917	a
405	5b 1a	Sächsische Verlagsanstalt G.m.b.H.	7034	D	n. s.	c	1916	s
406	6a	Jul. Manias & Cie. Straßburg	k. A.	D	C. Jordan	c	1916	s
407	1a	SAB	341	D	n. s.	c	1916	s
408	11 1a	Albert Fink Berlin	305	D	n. s.	c	nein	0

Nr	Motiv	Verlag	Nr.	Ort	Künstler	Farbe	gelaufen	Inhalt
409	6a	Gebrüder Dietrich, Leipzig	152/7	D	Arth. Thiele	c	1916	s
410	4c 1b	„Ross" Bromsilber Vertriebsgesellschaft	73	D	n. s.	c	1917	a ü
411	10c 9b	HWB	870	D	n. s.	c	nein	0
412	3a	S.V.D.	4219	D	A. Felix-Schulze	c	nein	0
413	6a 5a	J.B.C.	k. A.	?	n. s.	sw	1914	z
414	6b			RU	n. s.	sw	nein	0
415	1a	Balnea A.G. Nürnberg	k. A.	D	n. s.	c	1916	a ü
416	4e	Karl Vögels Berlin	k. A.	D	C. Schaller	sw	nein	0
417	6b	k. A.	505	GB	L. Ravenhill	c	nein	0
418	6b	Ludgate?	637	GB	n. s.	c	k. A.	s
419	1c	B.N.K.	7787	D	n. s.	c	1917	s
420	1a	M.S.i.B.	274	D	n. s.	c	1917.	a ü

Nr	Motiv	Verlag	Nr.	Ort	Künstler	Farbe	gelaufen	Inhalt
421	9b 4a	A.R. & C.i.B.	719	D	n. s.	c	1915	a ü
422	1a	W & N AG L	561	D	n. s.	c	1916	s
423	4c	W & N AG L.	274	D	n. s.	c	1915	s
424	2a 2c 3a 1d	Herbert W. Friedrich	k. A.	D	n. s.	sw	1916	s
425	10b 8 1a	M.S.i.B.	k. A.	D	n. s.	c	1917	a ü
426	5c 1b	A.O.i.L.	1215	D	n. s.	c	1916	s
427	9b 1a	HWB	362	D	n. s.	c	1916	a
428	6b	Florence House	967	GB	n. s.	c	k. A.	s
429	9a	WSSB	1046/IV	D	n. s.	c	nein	0
430	9a	WSSB	1046/VI	D	n. s.	c	nein	0
431	9a	WSSB	1046/III	D	n. s.	c	nein	0
432	10a 9b 1a	S.V.D.	6035/5	D	n. s.	c	1915	a

Nr	Motiv	Verlag	Nr.	Ort	Künstler	Farbe	gelaufen	Inhalt
		Kriegspostkarten des „Kladderdatsch"						
433	6a 4c		15	D	A. Johnson	sw	nein	0
434	6b 11	Chambrelent	k. A.	FR	n. s.	c	nein	0
435	9b	LB	16371	?	n. s.	c	1916	z
436	1d 1b	B.N.K.	7776	D	n. s.	c	1916	s
437	10d 5c 1a	HWB	915	D	n. s.	c	1916	a
438	6b	Visé Paris	116	FR	Emil Dupuis	c	nein	0
439	8 1a	B.N.K.	7557	D	n. s.	c	1916	s
440	10c 8 1a	M.B.L.	3149	?	n. s.	c	k. A.	z
441	10f 9a 1a	S.V.D.	1386	D	n. s.	c	1916	s
442	1a	B.N.K.	7556	D	n. s.	c	1916	s ü
443	9a 1a	S.V.D.	6013/1	D	n. s.	c	1916	s
444	9a 1a	S.V.D.	6017/6	D	n. s.	c	1916	a

Nr	Motiv	Verlag	Nr.	Ort	Künstler	Farbe	gelaufen	Inhalt
445	4d 6a 9b	A.R. & C.i.B.	718/4	D	n. s.	c	1915	a
446	3a	B.K.W.I	4604-1	Ö	Alice Gassner	c	1916	z
447	8 1d	Photochromie DN	6(7546)	D?	n. s.	c	nein	0
448	9b 1a	B. Dondorf G.m.b.H. Frankfurt a. M.	732	D	n. s.	c	1916	a
449	7 1a	D	k. A.	?	n. s.	c	1915	s
450	5c 1a	Richard Labisch + Co	k. A.	D	n. s.	c	1915	a
451	1a	Gebr. Metz, Tübingen	427	D	n. s.	c	nein	0
452	9b	HWB	862	D	n. s.	c	1916	a
453	5b 1a	Sächsische Verlagsanstalt G.m.b.H.	7159	D	n. s.	c	nein	0
454	10b 9a 1a	S.V.D.	6024/5	D	n. s.	c	1916	a
455	1a	G.O.M.	2124	?	n. s.	c	1915	z
456	9a 1a	S.V.D.	6016/3	D	n. s.	c	nein	0

Nr	Motiv	Verlag	Nr.	Ort	Künstler	Farbe	gelaufen	Inhalt
457	1b 2a 3a	Richard Müller, Chemnitz	k. A.	D	n. s.	c	1916	s
458	6b	I.G.A. - G.M. Firenze	230	I	n. s.	c	nein	0
459	6a	B.K.W.I	259-169	Ö	Carl Josef	c	nein	0
460	9b	A.R. & C.i.B.	704	D	Carl Diehl	c	nein	0
461	9a 1a	LP	2281	Ö?	n. s.	c	k. A.	s
462	4d 6a 9b	WSSB	4923	D	Ad. Hof(f)mann	c	nein	0
463	6b	Off. Ist. Ital. D'arti Grafiche Bergamo	k. A.	I	n. s.	c	nein	0
464	5c	LOGO eines reitenden Mannes	182-1915	Ö	F. Höllerer	c	1916	s
465	4a 9b	BD (= B. Dondorf)	722	D	Freund-Belian	c	1915	a
466	1a	M.S.i.B.	238	D	n. s.	c	n. l.	z
467	6b	k. A.	k. A.	I	n. s.	sw	nein	0
468	4b 6a	G. Hirth's Verlag München	k. A.	D	ID (= Julius Diez)	c	nein	0

Nr	Motiv	Verlag	Nr.	Ort	Künstler	Farbe	gelaufen	Inhalt
469	6a 10a	Magyar Földrasjzi Intézet Résvénytársàg	k. A.	HU	Biro	c	nein	0
470	8 11 1b	E.N.N.	1	D	n. s.	c	nein	0
471	6b	Solomon Kohn Verlag, Beograd	k. A.	S	Kyrillisch	c	nein	0
472	2b 1a	Reichsdeutsche Waffenbrüderl. Vereinigung	k. A.	D	n. s.	c	1916	z

001

002

003

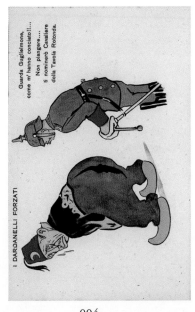

004

005

006

007

008

009

010

011

012

013

014

015

016

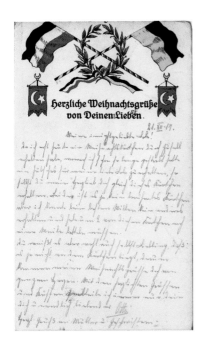

017

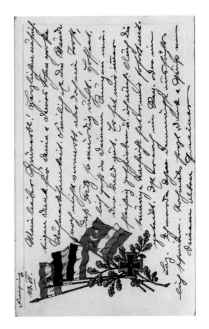

018

019

020

021

022

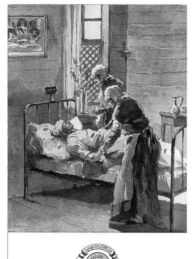

023

024

025

026

027

028

029

030

031

032

033

AUF NACH BELGRAD!

034

035

Glückliche Fahrt ins neue Jahr!

036

037

038

039

040

041

042

Gott strafe das treulose Italien und vernichte England!

043

Italien

Von heftigem Ekel erfaßt, geben die Gefertigten den noch wenigen neutral gebliebenen anständigen Völkern der Erde mit Befriedigung Nachricht, von dem Ableben ihres einstigen sauberen Bundesgenossen

welcher am 23. Mai 1915 um 4 Uhr nachmittags mit chronischen, gall- und heimtückischen Leiden, Empfang des Verräterlohnes, gestärkt mit Tröstungen der lausigen Sakramente, (genannt Entente) infolge Treubruches, Großenwahnes und unheilbarer Ländergier, nach 33jährigem Schmarotzerlebens, zu seinen würdigen Freunden übergegangen ist.

Die Einsegnung des Meineidigen wurde am gleichen Tage im Palais des k. u. k. Ministerium des Äeußern, Wien I, Ballhausplatz Nr. 2 unter gleichzeitiger Streichung aus dem Register der Menschlichkeit vorgenommen.

Das Begräbnis wird mit militärischem Elan unter Kanonendonner, am neuesten Kriegsschauplatze stattfinden.

Österreich-Ungarn, Deutsches Reich   **Die Türkei**
als Staatsleiber.   als Mitschuldiger.

Ed. Z. W. L. — Nachdruck verboten.

044

045

046

047b

048

049

050

051

052

053

054

055

056

057

058

059

060

061

062

063

064

065

066

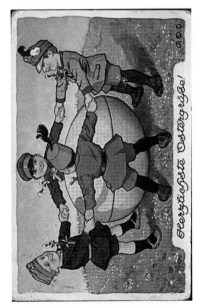

067

068

069

070

071

072

073

074

075

076

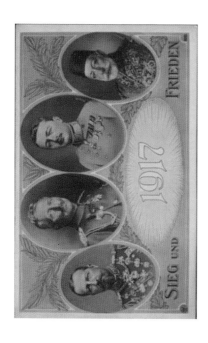

077

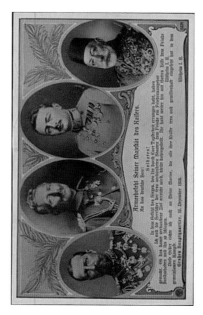

078

079

080

081

082

083

084

085

086

087

088

089

090

Wir halten fest und treu zusammen!

091

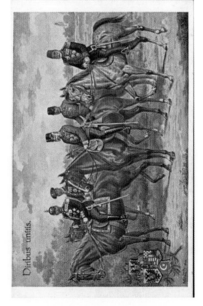

092

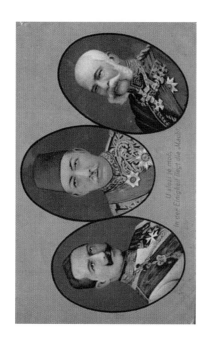

093

094

095

096

Erinnerung an den Weltkrieg 1914—15.

097

Fahnen heraus!

098

099

100

101 102

103 104

105

106

107

108

109

110

111

Der Freundschaft Gebot:
Auf Leben und Tod!

112

113

Der Graben in Wien im Siegesschmuck

114

115

116

117

118

119

120

121

122

123

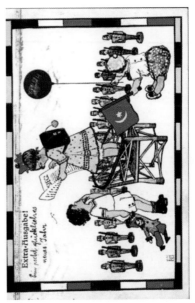

124

Ich sei, gewährt mir die Bitte,
In eurem Bunde der Dritte!

Treue
Kameraden. —
Hü bajtársak.
— Wirni
druhové. —
Wierni
towarzysze.

125

126

Der Vierbund

127

128

129

130

131

132

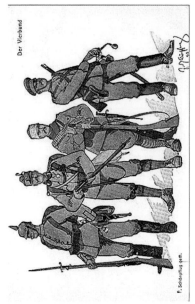

133   134

135   136

137

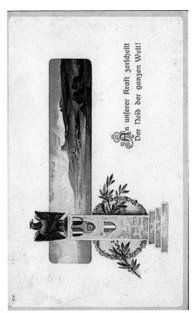

138

139

140

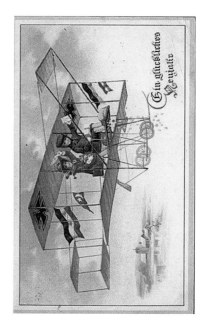

141

142

143

144

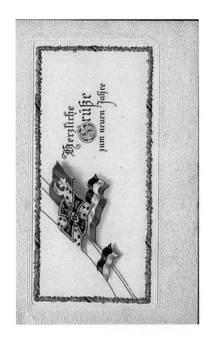

145 146

147 148

149

150

151

152

»Glück auf« zu Neujahr 1917!

153

Die besten Pfingst Grüße

154

Die besten Glückwünsche zum Namenstage

155

Herzlichen Glückwunsch zum Namenstage

156

157

158

159

160

161

162

163

164

165

165 166

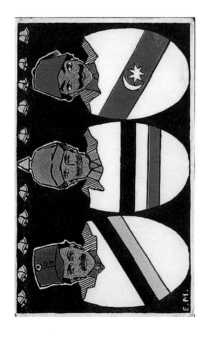

167 168

169

170

171

172

173

174

175

176

Wien im Festschmuck.

177

dem Kriegsministerium F. WITT

178

Die Schlacht in den Karpathen.

Zar Nikolaus, wie warst du falsch beraten!
Schon rüstetest du dich zur Siegesfeier.
Im schönen Ungarlande, bei Totaner,
Da schlug der Doppelaar dich flugs aus den Karpathen.

179

Deutschland,
Deutschland,
über alles!

180

181

182

183

184

Von

Sieg

zu

Sieg!

Allah il Allah!

Wir dreschen mit vereinten Kräften.

185

186

Heil
und
Sieg!

Und wenn die Welt voll Teufel wär'
Und wollt' uns gar verschlingen,
So fürchten wir uns nicht so sehr,
Es soll uns doch gelingen.

187

188

189

190

191

192

193

Gott geb uns Glück
Und schenk den Völkern Frieden
Dass Wohlstand blühe,
Wiederum hienieden

194

Wir Deutsche
fürchten Gott
sonst nichts auf
der Welt.

195

Treu Deutschen
Ernst!

196

Ob Fels
und Eiche splittern,
Wir werden nicht erzittern!

197

Die Donauwacht,
Die Wacht am Rhein,
Sie sollen unsre Hüter sein!

198

Einigkeit
macht
stark

199

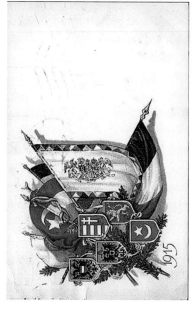

1915

200

Und wenn die Welt voll Teufel wär
Und wollt' uns gar verschlingen,
So fürchten wir uns nicht so sehr,
Es soll uns doch gelingen.

Nur
Eintracht
siegt.

201

202

203

204

205   206

207   208

209

210

211

212

Auf, flieget hohe Siegesfahnen,
Voran den kühnen Streitern!
St. Pölten 28. August 1916.

213

214

Wir halten feſt
und treu zuſammen

215

216

217

218

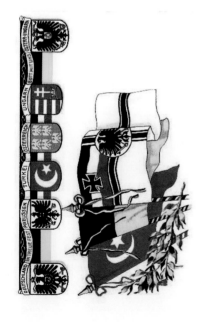

219

220

Waffenbrüderschaft:
Eine helle Hoffnung,
ein starker Glaube,
Ein Glaube an den
Sieg.

221

Mit vereinten Kräften!

222

In Treue vereint.

223

224

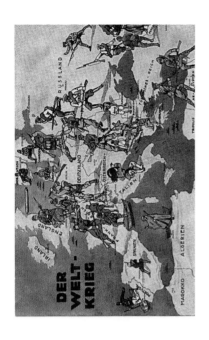

225

226

227

228

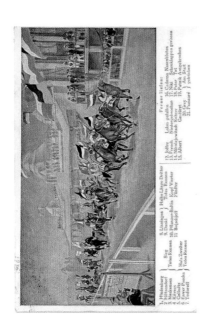

229

230

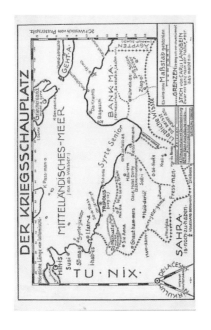

231

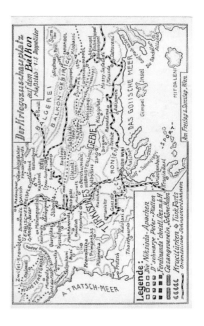

232

Gerechtigkeit und Wahrheit
werden
den Sieg diesen Fahnen bringen!

233

„Treu vereint"
gegen eine Welt von Feinden!

234

Durch Kampf zum Sieg

235

Türkische Truppen bei Gallipolis

236

237

238

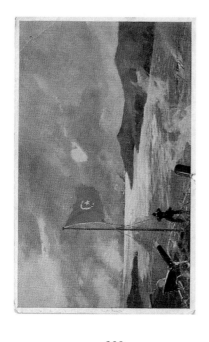

239

240

241

242

243

244

245

246

247

248

249

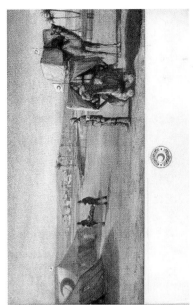

250

25

252

252A

253

254

255

256

257

258

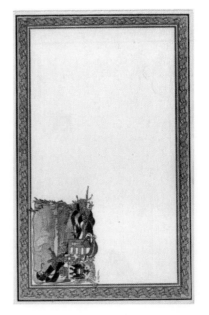

259

260

261

262

263

264

265

266

267

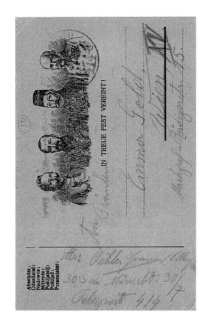

268

269

270

271

272

273

274

275

Generalissimus d. türk. Armee Enver Pascha

Enver Pascha

276 277

Enver Pascha, Höchstkommandierender der türkischen Armee.

Enver Pascha

278 279

280

281

GHAZI SULTAN MEHMED V.
unser treuer Verbündete.

NACHAHMUNG VERBOTEN.

غازی سلطان محمد رشاد جامس جفرنری
Seine Majestät Sultan Ghazi Mehmed Rechad V.

282

283

284

285

286

287

288

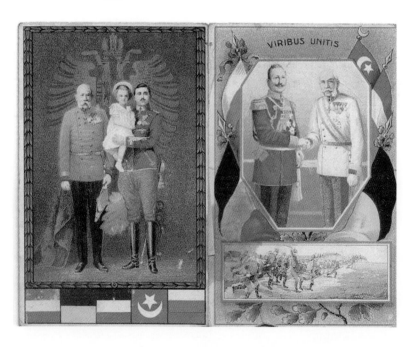

289

290

Maibaum - Klettern!

291

292

293

294

295

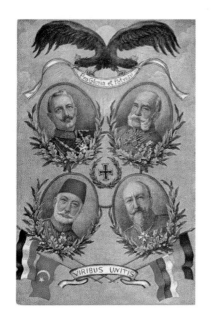

296

297

298

299

300

301

302

303

304

305

306

307

308

309

310

311

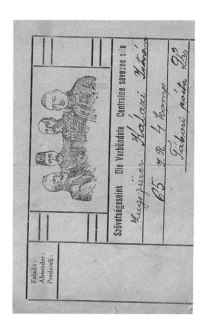

312

313

314

315

316

Ob Fels
und Eiche splittern,
Wir werden nicht erzittern!

317

Glück u. Frieden
im NEUEN JAHRE!

318

Vertrau' auf Gott
in aller Not!

319

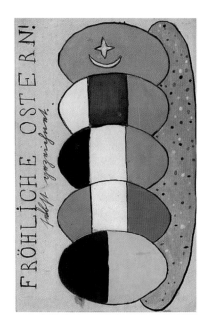

320

Einigkeit macht stark.

321

Für Kaiser und Reich!

322

Es faßt uns wieder der alte
Mut,
Uns ist, als jagen wir zu
Rosse
Uns jagt zum Streite mit
hassender Wut,
Schon harret der
Kampfgenosse
(aus Heine!)

323

324

325

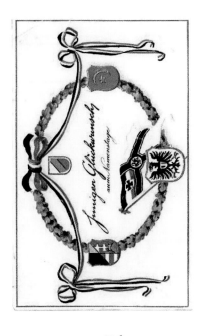

326

327

328

Dem Feinde Trutz,
Gott Preis und Ehr'!

329

330

331

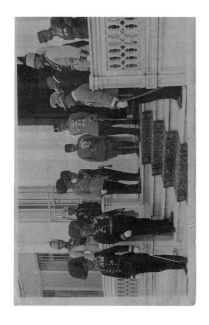

332

333

Ein neues Deutschland soll
erblüh'n
Umsonst wir nicht die Schwerter
zieh'n.

334

Kraft zum Kriege
Kampf zum Siege!

Welt-Krieg
1914 1915

335

336

337

338

339

340

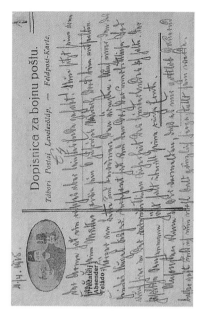

341

342

343

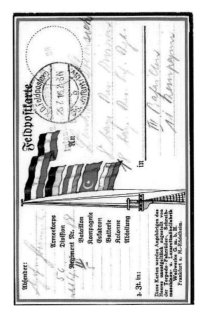

34   345

346   347

348 349

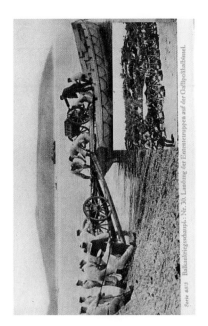

350 351

352

353

354

355

214

Sultan Muhammed V. Ghazi
Kaiser der Osmanen

Mohammed V.
Großsultan der Türkei

356 357

Ein gesundes Pfingstfest.

Herzliche
Ostergrüße

358 359

360

361

362

363

364

365

366

367

Lieder sind Düfte von
    Rosen und Nelken,
Dein harrt mein Herze,
    nie soll es Dir welken.

Jungdeutschland.

368   369

Herzliche
Weihnachts-Grüße.

Herzlichen
Glückwunsch
zum
Neuen Jahre!

370   371

372

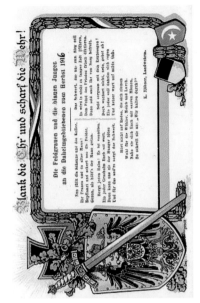

373

374

375

376

377

378

379

380   381

382   383

384

385

386

387

388

389

390A

391

Durch Kampf
zu Sieg und Frieden!

Wir sind am Pflug gegangen
Und haben still gebaut
Und ohne Haß und Bangen
Auf deutsche Kraft vertraut.
Kein Wort entfloh dem Munde,
Das nicht das Herz gedacht,
Dem Bruder treu im Bunde,
Dem Feinde auf der Wacht.
Wenn jetzt auf blut'ger Erde
Der Eisenwürfel rollt,
Gott schütze Haus und Herde —
Wir haben's nicht gewollt!

(Aus Rudolf Presber „Kriegsgedichte")

392   393

394   395

396

Gesegnete Weihnachten

397

Rotflammender Halbmond, steig' empor,
Die klirren die Riegel am Weltentor!
Alt-edles Volk der menschlichen Würde,
Zerbrich den Ring der drückenden Hürde,
Mit dem der länderschluchende Troß
Die Freiheit Deines Lebens umschloß!

Ludwig Ganghofer.

398

Kirche in Suwalki.

399

400

Pour le Droit et l'Honneur... seuls! ESPAGNE
For Right and Honour alone.

401

402

403

Der Gott,

der Eisen wachsen ließ,

Der wollte keine Knechte!

404

Welt-Krieg
1914 1916

Deutsche Trainkolonne
in Feindesland

405

406

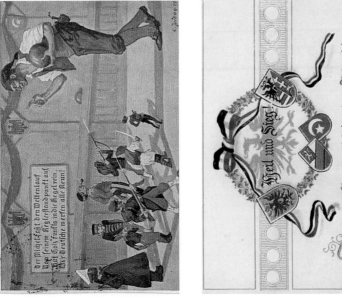

In der Eintracht liegt die Macht!

Heil und Sieg

407

408

409

410

411

412 413

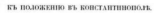

КЪ ПОЛОЖЕНІЮ ВЪ КОНСТАНТИНОПОЛѢ.

Султанъ турецкій. Пощади меня, милый
Михель, ну, войди ты въ мое положеніе...
Михель. Да не желаю я входить въ твое дурацкое
положеніе. Объявляй сейчасъ же войну Россіи!
Понялъ!!!

414 415

416

JOHNNIE TURK, whose German master has let him down.

417

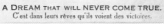

A DREAM THAT WILL NEVER COME TRUE.
C'est dans leurs rêves qu'ils voient des victoires.

418

In Treu' verbündet
Für ewge Zeit!

419

420

421

422

423

424

425

426

427

ANOTHER RISING IN TURKEY.

Un soulevement en Turquie.

428

Mit Herz und Hand fürs Vaterland!

429

Zu dreien vereint — ran an den Feind!

430

Wir müssen und wir werden siegen!

431

432

433

434

435

436

437

Prudence est mère de Sécurité... *ROUMANIE*
Prudence is the mother of Security.

438

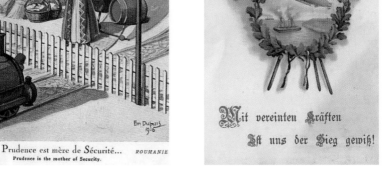

Mit vereinten Kräften
Ist uns der Sieg gewiß!

439

440

441

442

443

444

445

446

447

448

449

450

451

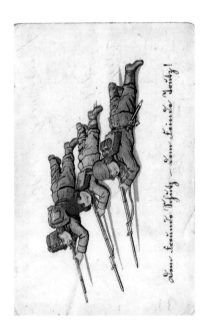

452

453

454

455

456

457

458

459

460

461

462

(EDERA) "ove m'attacco muoia..

463

Der Dritte im Bunde

464   465

Heil Dir mein Vaterland

466

DER ISLAM RÜHRT SICH

467

468

469

470

Селидба Султана Мехмеда *V.* из Цариграда

471

472

Index

247